D1727310

Giuseppe Ungaretti

GIUSEPPE UNGARETTI

VITA D'UN UOMO
EIN MENSCHENLEBEN

Werke in 6 Bänden
Band 3

Herausgegeben von
Angelika Baader und
Michael von Killisch-Horn

GIUSEPPE UNGARETTI

LA TERRA PROMESSA
DAS VERHEISSENE LAND

UN GRIDO E PAESAGGI
EIN SCHREI UND LANDSCHAFTEN

IL TACCUINO DEL VECCHIO
DAS MERKBUCH DES ALTEN

APOCALISSI · APOKALYPSEN

PROVERBI · SPRICHWÖRTER

DIALOGO · DIALOG

NUOVE · NEUE

Gedichte 1933–1970

Italienisch und deutsch
Herausgegeben und übersetzt
von Michael von Killisch-Horn
unter Mitarbeit
von Angelika Baader

P. Kirchheim

Übersetzung der Gedichte, der Studie «Über die Autographen des ‹Monologhetto›», Kommentar und Anmerkungen zu diesem Band von Michael von Killisch-Horn, Übersetzung des Canzone-Kommentars von Giuseppe Ungaretti und der Studie «Die Ursprünge der ‹Terra Promessa›» von Leone Piccioni von Angelika Baader.
Die Herausgeber und der Verlag danken Leone Piccioni für die freundliche Hilfsbereitschaft, mit der er die Ausgabe begleitet.

Umschlaggestaltung: Klaus Detjen
Gesetzt aus der Borgis Baskerville und
gedruckt und gebunden von der
Offizin Andersen Nexö Leipzig
Printed in Germany
ISBN 3-87410-046-4 Gesamt
ISBN 3-87410-049-9 Einzeln

GEDICHTE BAND 3

1933–1970

LA TERRA PROMESSA

Frammenti 1935–1953

a Giuseppe De Robertis

DAS VERHEISSENE LAND

Fragmente 1935–1953

für Giuseppe De Robertis

CANZONE

descrive lo stato d'animo del poeta

Nude, le braccia di segreti sazie,
A nuoto hanno del Lete svolto il fondo,
Adagio sciolto le veementi grazie
E le stanchezze onde luce fu il mondo.

Nulla è muto più della strana strada
Dove foglia non nasce o cade o sverna,
Dove nessuna cosa pena o aggrada,
Dove la veglia mai, mai il sonno alterna.

Tutto si sporse poi, entro trasparenze,
Nell'ora credula, quando, la quiete
Stanca, da dissepolte arborescenze
Riestesasi misura delle mete,
Estenuandosi in iridi echi, amore
Dall'aereo greto trasalì sorpreso
Roseo facendo il buio e, in quel colore,
Più d'ogni vita un arco, il sonno, teso.

Preda dell'impalpabile propagine
Di muri, eterni dei minuti eredi,
Sempre ci esclude più, la prima immagine
Ma, a lampi, rompe il gelo e riconquide.

Più sfugga vera, l'ossessiva mira,
E sia bella, più tocca a nudo calma
E, germe, appena schietta idea, d'ira,
Rifreme, avversa al nulla, in breve salma.

Rivi indovina, suscita la palma:
Dita dedale svela, se sospira.

LIED

beschreibt den Gemütszustand des Dichters

Von Geheimnissen satt die Arme, entblößt,
Schwimmend haben des Lethe Grund sie aufgerollt,
Sacht die ungestümen Grazien aufgelöst
Und alle Müdigkeit woher Licht ward die Welt.

Die seltsame Straße, nichts ist stummer
Als sie wo Blatt nicht sprießt, überwintert oder fällt,
Wo kein Ding sich quält noch gefällt,
Wo das Wachen nie, nie abwechselt der Schlummer.

Alles trat hervor dann, in Transparenzen,
In der leichtgläubigen Stunde, als, ermattet
Die Ruhe, aus ausgegrabenen Arboreszenzen
Der Ziele Maß neu sich entfaltet,
In Iriden sich auslöschend Echos, aufsprang
Die Liebe überrascht vom luftigen Kieselgrund,
In rosiger Farbe das Dunkel durchdrang
Und mehr als jedes Leben spannte den Schlaf, ein Bogenrund.

Beute der untastbaren Fortpflanzung von
Mauern, ewig der Minuten Erben,
Schließt immer mehr uns aus die erste Bildvision,
Doch in Blitzen bricht sie das Eis in neuem Werben.

Je mehr im Fliehen wahr die Zielgestalt, stets neu beschworn,
Und schön, berührt sie Ruhe mehr in nackter Gestalt
Und erbebt, Keim, kaum reine Idee, von Zorn,
Wieder, in vergänglicher Hülle, gegen das Nichts mit Gewalt.

Sie erregt die Palme, erahnt der Bäche Lauf,
Dädalische Finger enthüllt sie, seufzt sie auf.

Prepari gli attimi con cruda lama,
Devasti, carceri, con vaga lama,
Desoli gli animi con sorda lama,
Non distrarrò da lei mai l'occhio fisso
Sebbene, orribile da spoglio abisso,
Non si conosca forma che da fama.

E se, tuttora fuoco d'avventura,
Tornati gli attimi da angoscia a brama,
D'Itaca varco le fuggenti mura,
So, ultima metamorfosi all'aurora,
Oramai so che il filo della trama
Umana, pare rompersi in quell'ora.

Nulla più nuovo parve della strada
Dove lo spazio mai non si degrada
Per la luce o per tenebra, o altro tempo.

Mag sie die Augenblicke vorbereiten mit roher Klinge,
Verwüsten, einkerkern mit unsteter Klinge,
Verheeren die Seelen mit tauber Klinge,
Nie werde von ihr das starre Auge ich wenden,
Wenngleich, furchtbar von kahlen Abgrunds Wänden,
Man Form nur kennt von Famas Schwinge.

Und wenn, noch immer glühend von Abenteuer,
Zurückgekehrt die Augenblicke von Bedrängnis zu Begier,
Ich überschreite Ithakas fliehende Gemäuer,
Weiß ich, der Morgenröte letztes Verwandeln,
Weiß ich nun daß abzureißen schcint hier
In dieser Stunde der Faden im menschlichen Handeln.

Nichts schien neuer als die Straße
Wo sich nie der Raum herabstuft in gleichem Maße
Durch das Licht oder durch Finsternis, oder andere Zeit.

DI PERSONA MORTA DIVENUTAMI CARA SENTENDONE PARLARE

Si dilegui la morte
Dal muto nostro sguardo
E la violenza della nostra pena
S'acqueti per un attimo,
Nella stanza calma riapparso
Il tuo felice incedere.

Oh bellezza flessuosa, è Aprile
E lo splendore giovane degli anni
Tu riconduci,
Con la tua mitezza,
Dove più è acre l'attesa malinconica.

Di nuovo
Dall'assorta fronte,
I tuoi pensieri che ritrovi
Fra i famigliari oggetti,
Incantano,
Ma, carezzevole, la tua parola
Rivivere già fa,
Più a fondo,
Il brevemente dolore assopito
Di chi t'amò e perdutamente
A solo amarti nel ricordo
È ora punito.

VON EINER TOTEN PERSON DIE MIR LIEBGEWORDEN DA ICH VON IHR SPRECHEN HÖRTE

Es löse sich der Tod
Aus unserem stummen Blick
Und die Heftigkeit unserer Pein
Beruhige sich für einen Augenblick,
Da wieder im ruhigen Zimmer erschienen ist
Dein glückliches Schreiten.

Oh, biegsame Schönheit, April ist's
Und den jungen Glanz der Jahre
Führst du wieder,
Mit deiner Sanftheit, hierher
Wo herber ist die schwermütige Erwartung.

Aufs neue
Von der versunkenen Stirn
Bezaubern
Deine Gedanken die du wiederfindest
Unter den vertrauten Gegenständen,
Doch dein Wort, liebkosend,
Läßt schon wiederaufleben,
Tiefer noch,
Den kurz nur eingeschlummerten Schmerz
Dessen der dich liebte und der wahnsinnig
Allein in der Erinnerung dich zu lieben
Nun bestraft ist.

CORI DESCRITTIVI DI STATI D'ANIMO DI DIDONE

I

Dileguandosi l'ombra,

In lontananza d'anni,

Quando non laceravano gli affanni,

L'allora, odi, puerile
Petto ergersi bramato
E l'occhio tuo allarmato
Fuoco incauto svelare dell'Aprile
Da un'odorosa gota.

Scherno, spettro solerte
Che rendi il tempo inerte
E lungamente la sua furia nota:

Il cuore roso, sgombra!

Ma potrà, mute lotte
Sopite, dileguarsi da età, notte?

CHÖRE DIDOS GEMÜTSZUSTÄNDE ZU BESCHREIBEN

I

Dahinschwindend der Schatten,

In der Ferne von Jahren,

Als das Herz noch nicht gramerfahren,

Da hörst du wie damals noch kindlich
Die Brust voll Verlangen sich reckt
Und dein Auge aufgeschreckt
Aprilfeuer bloßlegt unvorsichtig
Von duftiger Wange.

Rühriges Gespenst, Hohn,
Der du träg machst die Zeit und lange
Bekannt ihr Wüten schon:

Aus dem zernagten Herzen zieh, dem matten!

Doch wird, da ohne Macht
Nun stumme Kämpfe, vom Alter sich lösen können
Nacht?

II

La sera si prolunga
Per un sospeso fuoco
E un fremito nell'erbe a poco a poco
Pare infinito a sorte ricongiunga.

Lunare allora inavvertita nacque
Eco, e si fuse al brivido dell'acque.
Non so chi fu più vivo,
Il sussurrio sino all'ebbro rivo
O l'attenta che tenera si tacque.

III

Ora il vento s'è fatto silenzioso
E silenzioso il mare;
Tutto tace; ma grido
Il grido, sola, del mio cuore,
Grido d'amore, grido di vergogna
Del mio cuore che brucia
Da quando ti mirai e m'hai guardata
E più non sono che un oggetto debole.

Grido e brucia il mio cuore senza pace
Da quando più non sono
Se non cosa in rovina e abbandonata.

IV

Solo ho nell'anima coperti schianti,
Equatori selvosi, su paduli
Brumali grumi di vapori dove
Delira il desiderio,
Nel sonno, di non essere mai nati.

II

Der Abend dehnt sich
Durch ein schwebendes Feuer
Und durch ein Beben in den Gräsern wird wieder
Nach und nach, so scheint's, das Los unendlich.

Mondhaft ward da geboren unmerklich
Echo, und schmolz ins Schauern der Wasser sich.
Ich weiß nicht wer mehr lebendig war und wach,
Das Gemurmel hin zum trunkenen Bach
Oder die Aufmerksame, im Schweigen zärtlich.

III

Der Wind ist still geworden jetzt
Und still das Meer;
Alles schweigt; doch ich schrei
Den Schrei, allein, meines Herzens,
Liebesschrei, Schamschrei
Meines Herzens das brennt
Seit ich dich ansah und du mich betrachtet hast
Und ich nur noch ein schwaches Objekt bin.

Ich schrei und es brennt friedlos mein Herz
Seit ich nur noch
Ein Ding, zertrümmert, dagelassen.

IV

Überwachsene Risse nur hab ich in der Seele,
Waldäquatoren, über Sümpfen
In Klumpen neblige Dämpfe wo
Irreredet, im Schlaf,
Der Wunsch niemals geboren zu sein.

V

Non divezzati ancora, ma pupilli
Cui troppo in fretta crescano impazienze,
L'ansia ci trasportava lungo il sonno
Verso quale altro altrove?
Si colorì e l'aroma prese a spargere
Così quella primizia
Che, per tenere astuzie
Schiudendosi sorpresa nella luce,
Offrì solo la vera succulenza
Più tardi, già accaniti noi alle veglie.

VI

Tutti gl'inganni suoi perso ha il mistero,
A vita lunga solita corona,
E, in se stesso mutato,
Concede il fiele dei rimorsi a gocce.

VII

Nella tenebra, muta
Cammini in campi vuoti d'ogni grano:
Altero al lato tuo più niuno aspetti.

VIII

Viene dal mio al tuo viso il tuo segreto;
Replica il mio le care tue fattezze;
Nulla contengono di più i nostri occhi
E, disperato, il nostro amore effimero
Eterno freme in vele d'un indugio.

V

Noch nicht entwöhnt, doch Mündel
Denen zu eilig Ungeduld wachse,
Trug uns schlafentlang die Unruhe
Zu welch anderem Anderswo?
Farbe bekam und das Aroma zu verströmen begann
So jene Erstlingsfrucht
Die, durch zärtliche List
Im Licht überrascht sich öffnend,
Die wahre Saftfülle erst später
Darbot, da ingrimmig wir schon wachten.

VI

All seine Täuschungen verloren hat das Geheimnis,
Langen Lebens gewohnte Krone,
Und, in sich selbst verwandelt,
Gewährt es die Galle der Gewissensbisse, tropfenweis.

VII

In der Finsternis, stumm
Wanderst du über Felder bar jeden Korns:
Stolz dir zur Seite erwartest du keinen mehr.

VIII

Von meinem hinüber zu deinem Gesicht kommt dein
Geheimnis;
Das meine wiederholt deine geliebten Züge;
Nichts sonst enthalten unsere Augen
Und, verzweifelt, unsere vergängliche Liebe
Ewig bebt sie in eines Zauderns Segeln.

IX

Non più m'attraggono i paesaggi erranti
Del mare, né dell'alba il lacerante
Pallore sopra queste o quelle foglie;
Nemmeno più contrasto col macigno,
Antica notte che sugli occhi porto.

Le immagini a che prò
Per me dimenticata?

X

Non odi del platano,
Foglia non odi a un tratto scricchiolare
Che cade lungo il fiume sulle selci?

Il mio declino abbellirò, stasera;
A foglie secche si vedrà congiunto
Un bagliore roseo.

XI

E senza darsi quiete
Poiché lo spazio loro fuga d'una
Nuvola offriva ai nostri intimi fuochi,
Covandosi a vicenda
Le ingenue anime nostre
Gemelle si svegliarono, già in corsa.

IX

Nicht mehr fesseln mich des Meeres irrfahrende
Landschaften, noch des dämmernden Tags quälende
Blässe über diesen Blättern oder jenen;
Nicht einmal mehr dem Fels widersetz ich mich,
Uralte Nacht die ich auf den Augen trag.

Die Bilder, was sollen sie
Mir Vergessenen?

X

Hörst du nicht der Platane
Blatt, hörst du's nicht plötzlich knistern
Da es fällt längs des Flusses auf die Kiesel?

Meinen Untergang werd ich verschönen, heut abend;
Auf welken Blättern
Ein Aufleuchten wird's sein, rosig.

XI

Und ohne sich Ruhe zu gönnen,
Da ihr Raum Flucht einer
Wolke bot unseren innersten Feuern,
Wechselseitig sich bebrütend
Erwachten unsere arglosen Seelen,
Zwillinge, schon unterwegs.

XII

A bufera s'è aperto, al buio, un porto
Che dissero sicuro.

Fu golfo constellato
E pareva immutabile il suo cielo;
Ma ora, com'è mutato!

XIII

Sceso dall'incantevole sua cuspide,
Se ancora sorgere dovesse
Il suo amore, impassibile farebbe
Numerare le innumere sue spine
Spargendosi nelle ore, nei minuti.

XIV

Per patirne la luce,
Gli sguardi tuoi, che si accigliavano
Smarriti ai cupidi, agl'intrepidi
Suoi occhi che a te non si soffermerebbero
Mai più, ormai mai più.

Per patirne l'estraneo, il folle
Orgoglio che tuttora adori,
A tuoi torti con vana implorazione
La sorte imputerebbero
Gli ormai tuoi occhi opachi, secchi;
Ma grazia alcuna più non troverebbero,
Nemmeno da sprizzarne un solo raggio,
Od una sola lacrima,
Gli occhi tuoi opachi, secchi,

Opachi, senza raggi.

XII

Im Sturm hat sich geöffnet, im Dunkel, ein Hafen,
Einst sicher genannt.

War bestirnter Golf
Und unwandelbar schien sein Himmel;
Doch wie verwandelt jetzt!

XIII

Herabgestiegen von ihrer bezaubernden Spitze,
Sollte noch einmal erstehen
Ihre Liebe, ungerührt ließe sie
Zählen ihre zahllosen Dornen
Sich einstreuend in die Stunden, in die Minuten.

XIV

Auszuhalten ihr Licht,
Deine Blicke, die sich verfinsterten
Verloren seinen begehrlichen, seinen unerschrockenen
Augen die bei dir nie mehr verweilen würden,
Nie mehr von nun an.

Auszuhalten ihren fremden, ihren tollen
Stolz den du noch immer verehrst,
Deinem eigenen Unrecht in vergeblichem Flehen
Schrieben das Los zu
Deine Augen, verschattet hinfort, trocken;
Doch keine Gnade fänden sie mehr, nicht soviel
Daß sich ihnen entlocken ließe auch nur ein Strahl,
Oder eine einzige Träne,
Deine Augen, verschattet, trocken,

Verschattet, strahllos.

XV

Non vedresti che torti tuoi, deserta,
Senza più un fumo che alla soglia avvii
Del sonno, sommessamente.

XVI

Non sfocerebbero ombre da verdure
Come nel tempo ch'eri agguato roseo
E tornava a distendersi la notte
Con i sospiri di sfumare in prato,
E a prime dorature ti sfrangiavi,
Incerte, furtiva, in dormiveglia.

XVII

Trarresti dal crepuscolo
Un'ala interminabile.

Con le sue piume più fugaci
A distratte strie ombreggiando,
Senza fine la sabbia
Forse ravviveresti.

XV

Nur eigenes Unrecht sähest du, Verlassene,
Kein Rauch mehr der zur Schwelle führte
Des Schlafs, leis.

XVI

Nicht mündeten Schatten aus Grünem
Wie zu der Zeit da rosiger Hinterhalt du warst
Und zurückkam sich auszubreiten die Nacht
Mit den Seufzern zu verrauchen in Wiesen,
Und bei den ersten Vergoldungen franstest du dich aus,
Ungewissen, verstohlen, im Halbschlaf.

XVII

Heraus zögest du aus der Dämmerung
Eine endlose Schwinge.

Mit ihren flüchtigsten Federn
In zerstreuten Streifen Schatten spendend,
Wiederbelebtest du vielleicht
Ohne Ende den Sand.

XVIII

Lasciò i campi alle spighe l'ira avversi,
E la città, poco più tardi,
Anche le sue macerie perse.

Àrdee errare cineree solo vedo
Tra paludi e cespugli,
Terrorizzate urlanti presso i nidi
E gli escrementi dei voraci figli
Anche se appaia solo una cornacchia.

Per fetori s'estende
La fama che ti resta,
Ed altro segno più di te non mostri
Se non le paralitiche
Forme della viltà
Se ai tuoi sgradevoli gridi ti guardo.

XIX

Deposto hai la superbia negli orrori,
Nei desolati errori.

XVIII

Es ließ die Äcker den Ähren der Zorn feindlich,
Und die Stadt, wenig später,
Sogar ihren Schutt verlor sie.

Reiher nur seh ich aschfarben umherirren
Zwischen Sümpfen und Sträuchern,
Erschreckt aufkreischend bei den Nestern
Und den Exkrementen ihrer gefräßigen Brut
Sogar wenn nur eine Krähe erscheint.

Durch Gestank breitet sich aus
Der Ruhm der dir bleibt,
Und kein andres Zeichen zeigst du mehr von dir
Als die paralytischen
Formen der Feigheit
Wenn, indes widerlich du schreist, ich dich anschau.

XIX

Abgelegt hast du den Hochmut in den Schrecknissen,
In den trostlos wüsten Irrnissen.

RECITATIVO DI PALINURO

Per l'uragano all'apice di furia
Vicino non intesi farsi il sonno;
Olio fu dilagante a smanie d'onde,
Aperto campo a libertà di pace,
Di effusione infinita il finto emblema
Dalla nuca prostrandomi mortale.

Avversità del corpo ebbi mortale
Ai sogni sceso dell'incerta furia
Che annebbiava sprofondi nel suo emblema
Ed, astuta amnesia, afono sonno,
Da echi remoti inviperiva pace
Solo accordando a sfinitezze onde.

Non posero a risposta tregua le onde,
Non mai accanite a gara più mortale,
Quanto credendo pausa ai sensi, pace;
Raddrizzandosi a danno l'altra furia,
Non seppi più chi, l'uragano o il sonno,
Mi logorava a suo deserto emblema.

D'àugure sciolse l'occhio allora emblema
Dando fuoco di me a sideree onde;
Fu, per arti virginee, angelo in sonno;
Di scienza accrebbe l'ansietà mortale;
Fu, al bacio, in cuore ancora tarlo in furia.
Senza più dubbi caddi né più pace.

REZITATIV DES PALINURUS

Durch den Orkan auf dem Gipfel der Raserei
Hörte ich nicht sich nahen den Schlaf;
Öl legte sich weithin auf Toben von Wellen,
Offenes Feld für Freiheit von Frieden,
Unendlichen Ergießens vorgetäuschtes Emblem
Vom Nacken mich niederstreckend, tödlich.

Widriges Geschick des Körpers ward mir zuteil, tödlich,
Zu den Träumen hinabgestiegen der ungewissen Raserei
Die vernebelte tief unten in ihrem Emblem
Und, schlau gedächtnislos, stimmloser Schlaf,
Aus fernen Echos, giftete Frieden
Nur mit Mattigkeiten einend Wellen.

Nicht Waffenruhe war Antwort der Wellen,
Mehr nie ihr erbitterter Wettkampf tödlich,
Als wenn sie für Pause der Sinne hielten Frieden;
Als zu schaden sich wieder erhob die andere Raserei,
Wußte ich nicht mehr wer, ob Orkan oder Schlaf,
Mich aufrieb zu seinem wüsten Emblem.

Eines Augurs löste das Auge drauf Emblem,
Legte Feuer aus mir an Sternenwellen;
War, durch jungfräuliche Künste, Engel im Schlaf;
Vor Wissen vermehrte es die Angst, tödlich;
War, beim Kuß, im Herzen noch bohrende Raserei.
Ich hatte keine Zweifel mehr, fiel, und keinen Frieden.

Tale per sempre mi fuggì la pace;
Per strenua fedeltà decaddi a emblema
Di disperanza e, preda d'ogni furia,
Riscosso via via a insulti freddi d'onde,
Ingigantivo d'impeto mortale,
Più folle d'esse, folle sfida al sonno.

Erto più su più mi legava il sonno,
Dietro allo scafo a pezzi della pace
Struggeva gli occhi crudeltà mortale;
Piloto vinto d'un disperso emblema,
Vanità per riaverlo emulai d'onde;
Ma nelle vene già impietriva furia

Crescente d'ultimo e più arcano sonno,
E più su d'onde e emblema della pace
Così divenni furia non mortale.

So floh mich für immer der Frieden;
Durch unermüdliche Treue verfiel ich zum Emblem
Von Verzweiflung und, Beute jeder Raserei,
Geschüttelt nach und nach zu kalten Schmähungen von
Wellen,
Wuchs ich ins Riesenhafte vor Ungestüm, tödlich,
Toller als sie, Herausforderung, toll, des Schlafs.

Je höher ich mich reckte, band mehr mich der Schlaf,
Hinter dem Schiffsrumpf in Stücken des Friedens
Verzehrte Grausamkeit die Augen, tödlich;
Bezwungener Steuermann eines zerstreuten Emblems,
Eiferte ich es wiederzuerlangen Eitelkeit nach von Wellen;
Doch in den Adern versteinerte schon Raserei

Wachsend aus letztem und geheimstem Schlaf,
Und höher als Wellen und Emblem des Friedens
Wurde so ich Raserei, nicht sterblich.

VARIAZIONI SU NULLA

Quel nonnulla di sabbia che trascorre
Dalla clessidra muto e va posandosi,
E, fugaci, le impronte sul carnato,
Sul carnato che muore, d'una nube...

Poi mano che rovescia la clessidra,
Il ritorno per muoversi, di sabbia,
Il farsi argentea tacito di nube
Ai primi brevi lividi dell'alba...

La mano in ombra la clessidra volse,
E, di sabbia, il nonnulla che trascorre
Silente, è unica cosa che ormai s'oda
E, essendo udita, in buio non scompaia.

VARIATIONEN ÜBER NICHTS

Jenes Nichts an Sand das hindurchrinnt
Durch die Sanduhr, stumm, und sich setzt,
Und, flüchtig, die Spuren auf der Rötung,
Auf der Rötung die stirbt, von einer Wolke...

Dann eine Hand die die Sanduhr umkippt,
Die Rückkehr zur Bewegung, von Sand,
Das Sich-Silbrig-Färben, schweigsam, der Wolke
Beim ersten fahlen Aufblauen des dämmernden Tags...

Die Hand im Schatten drehte um die Sanduhr,
Und, an Sand, das Nichts das hindurchrinnt,
Still, ist das einzige was hinfort man hört,
Und, gehört, verschwindet's nicht im Dunkel.

SEGRETO DEL POETA

Solo ho amica la notte.
Sempre potrò trascorrere con essa
D'attimo in attimo, non ore vane;
Ma tempo cui il mio palpito trasmetto
Come m'aggrada, senza mai distrarmene.

Avviene quando sento,
Mentre riprende a distaccarsi da ombre,
La speranza immutabile
In me che fuoco nuovamente scova
E nel silenzio restituendo va,
A gesti tuoi terreni
Talmente amati che immortali parvero,
Luce.

GEHEIMNIS DES DICHTERS

Die Nacht nur hab ich zur Freundin.
Immer werd ich mit ihr durchmessen können
Von Augenblick zu Augenblick nicht leere Stunden;
Doch Zeit der ich meinen Herzschlag aufdrück
Wie's mir gefällt, ohne je mich abzulenken.

Es geschieht wenn ich fühle,
Während wieder sie sich lösen will von Schatten,
Unwandelbar die Hoffnung
In mir die Feuer von neuem aufspürt
Und in der Stille zurückgibt,
Deinen irdischen Gesten
So sehr geliebt daß sie unsterblich schienen,
Licht.

FINALE

Più non muggisce, non sussurra il mare,
Il mare.

Senza i sogni, incolore campo è il mare,
Il mare.

Fa pietà anche il mare,
Il mare.

Muovono nuvole irriflesse il mare,
Il mare.

A fumi tristi cedé il letto il mare,
Il mare.

Morto è anche lui, vedi, il mare,
Il mare.

FINALE

Nicht mehr brüllt, nicht mehr flüstert das Meer,
Das Meer.

Ohne die Träume ist unfarben Feld das Meer,
Das Meer.

Erbarmt auch, das Meer,
Das Meer.

Es bewegen ungespiegelte Wolken das Meer,
Das Meer.

Traurigem Rauch trat sein Bett ab das Meer,
Das Meer.

Gestorben ist auch, siehst du, das Meer,
Das Meer.

UN GRIDO E PAESAGGI

1939–1952

a Jean Paulhan

EIN SCHREI UND LANDSCHAFTEN

1939–1952

für Jean Paulhan

MONOLOGHETTO

Sotto le scorze, e come per un vuoto,
Di già gli umori si risentono,
Si snodano, delirando di gemme:
Conturbato, l'inverno nel suo sonno,
Motivo dando d'essere
Corto al Febbraio, e lunatico,
Più non è, nel segreto, squallido;
Come di sopra a un biblico disastro,
Nelle apparenze, il velario si leva
Lungo un lido, che da quell'attimo
Si scruta per ripopolarsi:
Di tanto in tanto riemergenti brusche
Si susseguono torri;
Erra, di nuovo in cerca d'Ararat,
Con solitudini salpata l'arca;
Ai colombai risale l'imbianchino.
Sopra i ceppi del roveto dimoia
Per la Maremma
E
Qua e là spargersi s'ode,
Di volatili in cova,
Bisbigli, pigolii;
Da Foggia la vettura
A Lucera correndo
Con i suoi fari inquieta
I redi negli stabbi;
Dentro i monti còrsi, a Vivario,
Uomini intorno al caldo a veglia
Chiusi sotto il lume a petrolio nella stanza,
Con i bianchi barboni sparsi
Sulle mani poggiate sui bastoni,
Morsicando lenti la pipa
Ors'Antone che canta ascoltano,
Accompagnato dal sussurro della rivergola

KLEINER MONOLOG

Unter den Rinden, und wie durch eine Leere,
Gären schon die Säfte wieder,
Entbinden sich in Wahn von Knospen:
Verwirrt, ist der Winter in seinem Schlaf,
Grund gebend kurz zu sein
Dem Februar, und launenhaft,
Nicht mehr, insgeheim, bleich;
Wie über einer biblischen Katastrophe
Hebt sich, in den Erscheinungen, der Vorhang
Längs eines Strandes, der von jenem Augenblick an
Sich erforscht um sich wiederzubevölkern:
Von Zeit zu Zeit brüsk wiederauftauchend
Folgen einander Türme;
Von neuem auf der Suche nach dem Ararat, irrt,
In See gestochen mit Einsamkeiten, die Arche;
Zu den Taubenschlägen steigt der Anstreicher wieder hinauf.
Auf den Strünken des Dornbuschs taut es
In der Maremma
Und
Hier und da hört man,
Von brütenden Vögeln,
Wispern und Piepen sich verbreiten;
Von Foggia
Nach Lucera brausend
Macht mit seinen Scheinwerfern der Wagen
Die Kälber unruhig in den Pferchen;
In den korsischen Bergen, in Vivario,
Um die Wärme herum wachend
Eingeschlossen unter der Petroleumlampe im Zimmer,
Die langen weißen Bärte über die Hände
Gebreitet die sich auf die Stöcke stützen,
Langsam die Pfeife kauend
Lauschen Männer Ors'Antone der singt
Begleitet vom Surren der Maultrommel

Vibrante di tra i denti
Del ragazzo Ghiuvanni:

Tantu lieta è la sua sorte
Quantu torbida è la mia.

Di fuori infittisce uno scalpiccìo
Frammischiato a urla e gorgoglio
Di suini che portano a scannare, scannano,
Principiando domani Carnevale,
E con immoto vento ancora nevica.
Lasciate dietro tre pievi minuscole
Sul pendio scaglionate
Con i tetti rossi di tegole
Le case più recenti
E,
Coperte di lavagna,
Le più vecchie quasi invisibili
Nella confusione dell'alba,
L'aromatica selva
Di Vizzavona si attraversa
Senza mai scorgerne dai finestrini
I larici se non ai tronchi,
E per brandelli,
E
Da Levante si passa poi dei monti,
E l'autista anche a voce il serpeggìo:

Sulìa, umbrìa, umbrìa,

Segue, se lo ripete
E, o a Levante o a Ponente, sempre in monti,
Torna il nodo a alternarsi e, peggio,
La clausura distesa:
Non ne dovrà la noia mai finire?
E,

Die zwischen den Zähnen
Des jungen Ghiuvanni vibriert:

Tantu lieta è la sua sorte
Quantu torbida è la mia.

Draußen verdichtet sich ein Trampeln
In das sich Brüllen und Grunzen mischt
Von Schweinen die man zum Schlachten führt, schlachtet,
Denn morgen beginnt Karneval,
Und der Wind hat sich gelegt, es schneit noch.
Drei winzige Pfarreien hinter sich lassend,
Gestaffelt auf dem Abhang
Mit roten Ziegeldächern
Die neueren Häuser
Und,
Schiefergedeckt,
Die älteren fast unsichtbar
In der Verschwommenheit der Morgendämmerung,
Durchfährt man den duftenden Wald
Von Vizzavona
Und durch die Fenster erkennt man
Die Lärchen nur an den Stämmen,
Und in Fetzen,
Und
Vom Sonnenaufgang her fährt man durch die Berge,
Und der Fahrer folgt selbst mit der Stimme den Windungen:

Sulìa, umbrìa, umbrìa,

Wiederholt sie sich
Und im Sonnenauf- oder -untergang, weiter in Bergen,
Lösen die Knoten immer wieder einander ab und, schlimmer,
Das ausgedehnte Eingesperrtsein:
Sollte der Überdruß nie ein Ende haben?
Und

A più di mille metri
D'altezza, la macchina infila
Una strada ottenuta nel costone,
Stretta, ghiacciata,
Sporta sul baratro.
Il cielo è un cielo di zaffiro
E ha quel colore lucido
Che di questo mese gli spetta,
Colore di Febbraio,
Colore di speranza.
Giù, giù, arriva fino
A Ajaccio, un tale cielo,
Che intirizzisce, ma non perché freddo,
Perché è sibillino;
Giù, arriva giù, un tale
Cielo, fino a attorniare un mare buio
Che nelle viscere si soffoca
Il mugghiare continuo,
Ed incede il Neptunia.
A Pernambuco attracca
E,
Tra le barchette in dondolo,
E titubanti chiattole
Sul lustro elastico dell'acqua,
Nel breve porto impone, nero,
L'ingombro svelto del suo netto taglio.
Ovunque, per la scala della nave,
Per le strade gremite,
Sui predellini del tramvai,
Non c'è più nulla che non balli,
Sia cosa, sia bestia, sia gente,
Giorno e notte, e notte
E giorno, essendo Carnevale.
Ma meglio di notte si balla,
Quando, uggiosi alle tenebre,
Dalla girandola dei fuochi, fiori,

In mehr als tausend Meter
Höhe nimmt der Wagen
Eine Straße abgetrotzt dem Grat,
Eng, vereist,
Über den Abgrund ragend.
Der Himmel ist ein Himmel von Saphir
Und hat jene glänzende Farbe
Die in diesem Monat ihm zukommt,
Februarfarbe,
Hoffnungsfarbe.
Unten, ganz unten reicht bis
Nach Ajaccio ein solcher Himmel,
Der erstarrt, doch nicht weil er kalt,
Weil er sibyllinisch ist;
Unten reicht, ganz unten, ein solcher
Himmel so weit daß er ein dunkles Meer umschließt
Das in den Eingeweiden sich erstickt
Das unaufhörliche Brüllen,
Und die Neptunia zieht dahin.
In Pernambuco legt sie an
Und
Zwischen den schaukelnden Booten,
Und schwankenden Lastkähnen
Auf dem beweglichen Schimmer des Wassers,
Zwingt es dem engen Hafen, schwarz,
Das schlanke Hindernis ihres klaren Umrisses auf.
Überall, auf der Treppe des Schiffs,
In den wimmelnden Straßen,
Auf den Trittbrettern der Straßenbahn,
Ist nichts mehr das nicht tanzte,
Ding, Tier oder Mensch,
Tag und Nacht, und Nacht
Und Tag, denn es ist Karneval.
Doch besser tanzt man nachts,
Wenn, lästig der Finsternis,
Aus dem Feuerrad, Blumen,

Complici della notte,
Moltiplicandone gli equivoci,
Tra cielo e terra grandinano
Screziando la marina livida.
Si soffoca dal caldo:
L'equatore è a due passi.
Non penò poco l'Europeo a assuefarsi
Alle stagioni alla rovescia,
E, più che mai, facendosi
Il suo sangue meticcio:
Non è Febbraio il mese degli innesti?
E ancora più penò,
Il suo sangue, facendosi mulatto
Nel maledetto aggiogamento
D'anime umane a lavoro di schiavi;
Ma, nella terra australe,
Giunse alla fine a mettere a un solleone,
La propria più inattesa maschera.
Non smetterà più di sedurre
Questo Febbraio falso
E,
Fradici di sudore e lezzo,
Stralunati si balli senza posa
Cantando di continuo, raucamente,
Con l'ossessiva ingenuità qui d'uso:

Ironia, ironia
Era só o que dizia.

Il ricordare è di vecchiaia il segno,
Ed oggi alcune soste ho ricordate
Del mio lungo soggiorno sulla terra,
Successe di Febbraio,
Perché sto, di Febbraio, alla vicenda
Più che negli altri mesi vigile.
Gli sono più che alla mia stessa vita

Komplizinnen der Nacht,
Ihre Zweideutigkeiten vervielfachend,
Zwischen Himmel und Erde niederhageln,
Sprenkelnd die fahle Meeresküste.
Man erstickt vor Hitze:
Der Äquator ist nur einen Katzensprung weit.
Nicht wenig litt der Europäer
Sich an die umgekehrten Jahreszeiten zu gewöhnen,
Und, mehr denn je, als sein Blut
Mestizenblut wurde:
Ist nicht Februar der Monat des Pfropfens?
Und noch mehr litt
Sein Blut, als es Mulattenblut wurde
In der verwünschten Unterjochung
Menschlicher Seelen unter Arbeit von Sklaven;
Doch auf der südlichen Erde
Gelang es ihm schließlich Hundstagen
Die eigene unerwartetste Maske aufzusetzen.
Nicht mehr wird zu verführen aufhören
Dieser falsche Februar
Und,
Schweißgebadet und stinkend,
Verzückt, tanzt man ohne Pause
Unablässig singend, heiser,
Mit der besessenen Arglosigkeit die hier Brauch:

Ironia, ironia
Era só o que dizia.

Das Erinnern ist von Alter das Zeichen,
Und heute habe ich einiger Halte mich erinnert
Meines langen Aufenthalts auf Erden,
Die im Februar waren,
Denn ich bin, im Februar, auf die Wechselfälle des Lebens
Mehr als in den anderen Monaten wachsam.
An ihm hänge ich mehr als an meinem Leben

Attaccato per una nascita
Ed una dipartita;
Ma di questo, non è momento di parlare.
E anch'io di questo mese nacqui.
Era burrasca, pioveva a dirotto
A Alessandria d'Egitto in quella notte,
E festa gli Sciiti
Facevano laggiù
Alla luna detta degli amuleti:
Galoppa un bimbo sul cavallo bianco
E a lui dintorno in ressa il popolo
S'avvince al cerchio dei presagi.
Adamo ed Eva rammemorano
Nella terrena sorte istupiditi:
È tempo che s'aguzzi
L'orecchio a indovinare,
E una delle Arabe accalcate, scatta,
Fulmine che una roccia graffia
Indica e, con schiumante bocca, attesta:

Un mahdi, ancora informe nel granito,
Delinea le sue braccia spaventose;

Ma mia madre, Lucchese,
A quella uscita ride
Ed un proverbio cita:

Se di Febbraio corrono i viottoli,
Empie di vino e olio tutti i ciottoli.

Poeti, Poeti, ci siamo messi
Tutte le maschere;
Ma uno non è che la propria persona.
Per atroce impazienza
In quel vuoto che per natura
Ogni anno accade di Febbraio

Durch eine Geburt
Und einen Abschied;
Doch davon zu sprechen ist hier nicht der Ort.
Und auch ich wurde in diesem Monat geboren.
Unwetter herrschte, es regnete in Strömen
In Alexandria in Ägypten in jener Nacht,
Und ein Fest bereiteten
Die Schiiten dort unten
Dem sogenannten Mond der Amulette:
Es galoppiert ein Kind auf dem Schimmel
Und das Volk rings um es her
Drängt sich zum Kreis der Weissagungen.
Adams und Evas gedenken sie
Abgestumpft in ihrem irdischen Los:
Es ist Zeit daß das Ohr
Sich spitzt um zu erahnen,
Und eine der zusammengedrängten Araberinnen schnellt hoch,
Weist auf einen Blitz der einen Felsen ritzt
Und bezeugt mit schäumendem Mund:

Ein Mahdi, gestaltlos noch im Granit,
Zeichnet seine schrecklichen Arme;

Doch meine Mutter, aus Lucca,
Lacht bei dieser Bemerkung
Und zitiert ein Sprichwort:

Ist im Februar auf den Wegen Geriesel,
Füllt er mit Wein und Öl alle Kiesel.

Dichter, Dichter, wir haben uns
Alle Masken aufgesetzt;
Doch man ist nichts als die eigene Person.
Vor gräßlicher Ungeduld
In jener Leere die von Natur aus
Jedes Jahr im Februar sich einstellt

Sul lunario fissandosi per termini:
Il giorno della Candelora
Con il riapparso da penombra
Fioco tremore di fiammelle
Di sull'ardore
Di poca cera vergine,
E il giorno, dopo qualche settimana,
Del *Sei polvere e ritornerai in polvere;*
Nel vuoto, e per impazienza d'uscirne,
Ognuno, e noi vecchi compresi
Con i nostri rimpianti,
E non sa senza propria prova niuno
Quanto strozzi illusione
Che di solo rimpianto viva;
Impaziente, nel vuoto, ognuno smania,
S'affanna, futile,
A reincarnarsi in qualche fantasia
Che anch'essa sarà vana,
E ne è sgomento,
Troppo in fretta svariando nei suoi inganni
Il tempo, per potersene ammonire.
Solo ai fanciulli i sogni s'addirebbero:
Posseggono la grazia del candore
Che da ogni guasto sana, se rinnova
O se le voci in sé, svaria d'un soffio.
Ma perché fanciullezza
È subito ricordo?
Non c'è, altro non c'è su questa terra
Che un barlume di vero
E il nulla della polvere,
Anche se, matto incorreggibile,
Incontro al lampo dei miraggi
Nell'intimo e nei gesti, il vivo
Tendersi sembra sempre.

Und auf dem Kalender als Grenzen sich bestimmt:
Den Tag von Mariä Lichtmeß
Wo wieder aus dem Halbdunkel
Schwaches Zittern kleiner Flammen tritt
Über der Glut
Wenigen jungfräulichen Wachses,
Und den Tag, ein paar Wochen später,
Des *Staub bist du und zu Staub kehrst du zurück;*
Jeder, in der Leere, und vor Ungeduld ihr zu entkommen,
Und wir Alten eingeschlossen
Mit unseren schmerzlichen Erinnerungen,
Und ohne eigene Erprobung weiß keiner
Wie sehr Illusion den würgt
Der nur von schmerzlicher Erinnerung lebt;
Ungeduldig, in der Leere, tobt jeder,
Müht sich, nutzlos,
Sich wieder zu verkörpern in irgendeiner Phantasie
Die ebenfalls vergeblich sein wird,
Und ist bestürzt,
Denn zu eilig hat es in ihren Täuschungen die Zeit
Sich abzuwandeln, als daß man sich vorsehen könnte.
Nur den Kindern wären die Träume angemessen:
Sie besitzen die Gnade der Reinheit
Die von jedem Schaden heilt, wenn sie erneuert
Oder wenn sie die Stimmen in sich mit einem Hauch
abwandelt.
Doch warum ist Kindheit
Sofort Erinnerung?
Es gibt nichts, nichts anderes gibt es auf dieser Erde
Als einen Schimmer von Wahrem
Und das Nichts des Staubs,
Auch wenn, unverbesserlicher Narr,
Zum Blitz der Luftspiegelungen
Im Innersten und in den Gesten der Lebende
Stets zu streben scheint.

GRIDASTI: SOFFOCO

Non potevi dormire, non dormivi...
Gridasti: Soffoco...
Nel viso tuo scomparso già nel teschio,
Gli occhi, che erano ancora luminosi
Solo un attimo fa,
Gli occhi si dilatarono... Si persero...
Sempre ero stato timido,
Ribelle, torbido; ma puro, libero,
Felice rinascevo nel tuo sguardo...
Poi la bocca, la bocca
Che una volta pareva, lungo i giorni,
Lampo di grazia e gioia,
La bocca si contorse in lotta muta...
Un bimbo è morto...

Nove anni, chiuso cerchio,
Nove anni cui né giorni, né minuti
Mai più s'aggiungeranno:
In essi s'alimenta
L'unico fuoco della mia speranza.
Posso cercarti, posso ritrovarti,
Posso andare, continuamente vado
A rivederti crescere
Da un punto all'altro
Dei tuoi nove anni.
Io di continuo posso,
Distintamente posso
Sentirti le mani nelle mie mani:
Le mani tue di pargolo
Che afferranno le mie senza conoscerle;
Le tue mani che si fanno sensibili,
Sempre più consapevoli
Abbandonandosi nelle mie mani;
Le tue mani che diventano secche

DU SCHRIEST: ICH ERSTICKE

Du konntest nicht schlafen, du schliefst nicht...
Du schriest: Ich ersticke...
In deinem Gesicht, versunken schon im Schädel,
Die Augen, die voll Licht noch waren
Nur einen Augenblick zuvor,
Die Augen weiteten sich... Verloren sich...
Immer war ich schüchtern gewesen,
Rebellisch, düster; doch rein, frei,
Glücklich wurde ich wiedergeboren in deinem Blick...
Dann der Mund, der Mund
Der einst, die Tage hindurch,
Blitz schien von Anmut und Freude,
Der Mund verkrampfte sich in stummem Kampf...
Ein Kind ist tot...

Neun Jahre, geschlossener Kreis,
Neun Jahre zu denen nicht Tage noch Minuten
Je neu sich fügen werden:
In ihnen nährt sich
Meiner Hoffnung einziges Feuer.
Ich kann dich suchen, kann dich wiederfinden,
Kann gehen, unablässig gehe ich
Dich wieder wachsen zu sehen
Von einem Punkt zum anderen
Deiner neun Jahre.
Unaufhörlich kann ich,
Deutlich kann ich
Deine Hände in den meinen fühlen:
Deine Hände eines Kleinen
Die nach den meinen fassen ohne sie zu erkennen;
Deine Hände die empfindsam werden,
Immer bewußter
Sich hingebend meinen Händen;
Deine Hände die verdorren

E, sole – pallidissime –
Sole nell'ombra sostano...
La settimana scorsa eri fiorente...

Ti vado a prendere il vestito a casa,
Poi nella cassa ti verranno a chiudere
Per sempre. No, per sempre
Sei animo della mia anima, e la liberi.
Ora meglio la liberi
Che non sapesse il tuo sorriso vivo:
Provala ancora, accrescile la forza,
Se vuoi – sino a te, caro! – che m'innalzi
Dove il vivere è calma, è senza morte.

Sconto, sopravvivendoti, l'orrore
Degli anni che t'usurpo,
E che ai tuoi anni aggiungo,
Demente di rimorso,
Come se, ancora tra di noi mortale,
Tu continuassi a crescere;
Ma cresce solo, vuota,
La mia vecchiaia odiosa...

Come ora, era di notte,
E mi davi la mano, fine mano...
Spaventato tra me e me m'ascoltavo:
È troppo azzurro questo cielo australe,
Troppi astri lo gremiscono,
Troppi e, per noi, non uno familiare...

(Cielo sordo, che scende senza un soffio,
Sordo che udrò continuamente opprimere
Mani tese a scansarlo...)

Und, einsam – leichenblaß –
Einsam im Schatten rasten...
Noch letzte Woche blühtest du...

Dir den Anzug zu holen gehe ich nach Hause,
Dann werden sie kommen dich in den Sarg zu schließen
Für immer. Nein, für immer
Bist du Seele von meiner Seele, und befreist sie.
Besser befreist du sie jetzt
Als je dein lebendiges Lächeln es könnte:
Prüfe sie noch, vermehr ihre Kraft,
Wenn du willst daß – bis zu dir, Lieber! – ich mich erheb
Wo das Leben ruhig ist, ohne Tod.

Dich überlebend, büß ich das Grauen ab
Der Jahre die ich dir raube
Und die ich deinen Jahren hinzufüg,
Wahnsinnig vor Reue,
Als würdest, immer noch unter uns, sterblich,
Weiterhin du wachsen;
Doch es wächst nur, leer,
Mein verhaßtes Alter...

Wie jetzt, war es Nacht,
Und du gabst mir die Hand, schmale Hand...
Erschrocken, allein mit mir, hörte ich in mich:
Zu blau ist dieser südliche Himmel,
Zu viele Gestirne drängen sich in ihm,
Zu viele und, für uns, nicht eines vertraut...

(Tauber Himmel, der herabkommt ohne einen Hauch,
Taub den unaufhörlich niederdrücken ich hören werde
Hände ausgestreckt ihn abzuwehren...)

SVAGHI

1

L'altra mattina, le mie dita si sorpresero a sfogliare il registro dove conservo i ritagli dei miei vecchi articoli alla «Gazzetta del Popolo», e mi attirò una descrizione della Primavera. Stagione bellissima, bella; ma crudele nel manifestarsi. Mi misi a rilavorare quel passo, tornai a meditare su quel tema. Certamente fu uno svago, e ci rimasi ancora impigliato quando, nel sogno a occhi aperti, la fila dei ragazzi in bicicletta già essendo davanti all'Aia e accelerando la corsa verso la Reggia, mi trattenni a riaspettare che ricalasse la notte olandese, e, affaccendata nel silenzio, la riudissi.

VOLARONO

Amsterdam, Marzo 1933

Di sopra dune in branco pavoncelle
Volarono e, quella sera, troppo vitrea,
Si ruppe con metallici riflessi
A lampi verdi, turchini, porporini.
Pavoncelle calate qui,
In Sardegna svernato, l'altro giorno.
Le odo, mentre camminano non viste,
Che, frugando se capiti un lombrico,
Per non smarrirsi, di già è buio, stridono.
Tornate al nido, all'alba domattina,
Lo troveranno vuoto,
E la prima dozzina degli ovetti
Scovati («Zitti!» «Piano!») dai monelli,
Si porta in bicicletta a Guglielmina,
È Primavera.

ABSCHWEIFUNGEN

1

Neulich morgen ertappten sich meine Finger, wie sie die Mappe durchblätterten, in der ich die Ausschnitte meiner alten Artikel für die «Gazzetta del Popolo» aufbewahre, und eine Beschreibung des Frühlings zog mich an. Wunderschöne, schöne Jahreszeit; doch grausam in ihren Äußerungen. Ich fing an, jene Passage zu überarbeiten, sann erneut über jenes Thema nach. Gewiß war es eine Abschweifung, und ich war noch in ihr gefangen, als ich, mit offenen Augen träumend, während der Zug der Jungen auf ihren Fahrrädern schon vor Den Haag war und auf das Schloß zu brauste, dabei verweilte, erneut darauf zu warten, daß die holländische Nacht wieder herabsänke, und von neuem, geschäftig in der Stille, hörte ich sie.

SIE FLOGEN

Amsterdam, März 1933

Über Dünen im Schwarm flogen
Kiebitze, und jener Abend, zu glasig,
Brach sich mit metallischen Reflexen
In grünen, türkisen, purpurnen Blitzen.
Kiebitze niedergegangen hier,
Nach dem Winter auf Sardinien, neulich.
Ich höre sie, während sie ungesehen umherlaufen,
Wie sie, stöbernd nach einem Regenwurm,
Um sich nicht zu verlaufen, schon ist es dunkel, kreischen.
Zurückgekehrt zum Nest, bei Tagesanbruch morgen,
Werden sie es leer finden,
Und das erste Dutzend kleiner Eier
Entdeckt («Pst!», «Sachte!») von den Schlingeln
Wird mit dem Fahrrad Wilhelmine gebracht,
Frühling ist's.

È DIETRO

Amsterdam, Marzo 1933

È dietro le casipole il porticciuolo
Con i burchielli pronti a scivolare
Dentro strette lunghissime di specchi,
E una vela, farfalla colossale,
Ha raso l'erba e, dietro le casipole,
Va gente, con le vetrici s'intreccia,
Nelle nasse si schiudono occchi, va...

2

Una ciliegia, s'usa dire, tira l'altra, e nella memoria – nella memoria e nel sogno a occhi aperti – una seconda Primavera accorse.
Fu a Ravenna, sul finire dello scorso Marzo. Nel Mausoleo di Galla Placidia, l'azzurro intenso fino alla disperazione, può, per l'intimo furore del fuoco, fondersi e polverizzarsi in raggi; può, fuori, sbiadirsi l'azzurro, essere il cielo celeste, azzurro quasi bianco, diafano, assetante, come in perenne senza macchia, persino come intollerante che a placarlo avvenga s'azzardi il posarsi carezzevole d'un nonnulla di nube; l'azzurro può persino guastarsi, riflettendosi alla lastra d'acqua impaziente di già d'affiorare, lucida, sull'erba, o, nel Sepolcro di Teodorico, glauca, inviscidendo il muro, acqua ricordo corrotto, ricordo, sterile più che mai, dell'azzurro, oppure, secondo i momenti, livida, acqua in crescente annebbiamento per assenza, per l'approfondirsi dello smarrimento per l'assenza dell'azzurro, lastra d'acqua colore occhi morti; può esserci attorno tutto questo vario azzurro d'inarrivabile bellezza, ma l'amore quando insorge nei giovani è indifferente a tutto fuorché a sé stesso, ed ha ragione. Ci si accorge dell'azzurro – è verità – quando l'amore non può essere che malinconia, quando ogni luogo pare non ospitare più se non malinconia.

HINTER DEN HÜTTEN
Amsterdam, März 1933

Hinter den Hütten liegt der kleine Hafen
Mit den kleinen Booten bereit zu gleiten
In endlos langen engen Spiegelfluchten,
Und ein Segel, gewaltiger Schmetterling,
Hat das Gras gestreift, und hinter den Hütten
Gehen Leute, verschlingen sich ins Weidengehölz,
In den Reusen öffnen sich Augen, gehen...

2

Eins zieht das andere nach sich, pflegt man zu sagen, und im Gedächtnis – im Gedächtnis und beim Träumen mit offenen Augen – eilte ein zweiter Frühling herbei.
Es war in Ravenna, Ende vergangenen März. Im Mausoleum von Galla Placidia kann der Azur, bis zur Verzweiflung intensiv, durch die innerste Glut des Feuers, sich in Strahlen auflösen und zerstäuben; draußen kann er verblassen, der Azur, der himmelblaue Himmel sein, fast weißer Azur, durchscheinend, durstig machend, gleichsam für immer ohne Makel, ja nicht einmal duldend, daß, um ihn zu besänftigen, ein Nichts an Wolke es wagt, sich zärtlich daraufzulegen; der Azur kann sich sogar ruinieren, sich spiegelnd in der Wasserplatte ungeduldig, schon aufzutauchen, glänzend, auf dem Gras, oder, im Grab des Theoderich, seegrün, die Mauer glitschig machend, entstellte Wassererinnerung, Erinnerung, unfruchtbarer denn je, des Azurs, oder, je nach Augenblick, fahlblau, Wasser, das sich zunehmend trübt durch Abwesenheit, durch das Sich-Vertiefen der Verwirrung durch die Abwesenheit des Azurs, Wasserplatte mit der Farbe toter Augen; es mag ringsumher all diesen verschiedenartigen Azur von unvergleichlicher Schönheit geben, doch die Liebe, wenn sie in den jungen Leuten auftaucht, ist allem, außer sich selbst gegenüber gleichgültig, und sie hat recht. Man nimmt den Azur wahr – das ist die Wahrheit –, wenn die Liebe nichts mehr sein kann als Schwermut, wenn jeder Ort nur noch Schwermut zu beherbergen scheint.

Ah, dimenticavo: i colombi qui non vogliono essere che giovani colombi per colore cangiante e per gesta, fremano essi dai sassolini dei mosaici o corrano pei campi o sui lastrici, sono animali veri, proprio animali – vi stupisce? – nel senso ornitologico della parola anche se – si somigliano nella brama fisica tutti gli animali – arrivino a parermi antropomorfi, se fantastico.

SALTELLANO

Ravenna, Marzo 1952

Saltellano coi loro passettini
E mai non veglieranno, castamente:
Essi sono colombi. Né l'azzurro
(Che da ori evade e minii,
Si posa su erbe, avviva
Orme come di chiocciola,
Viola stana, protrae)
S'incanti tutto solo,
O strisci, brancoli, persista cupo,
Può giungere a distorli
Dal mutuo folle loro dichiararsi.

3

Mi soffermai poi a guardare Pleiadi, *la recente raccolta di frammenti di lirica greca apparsa in Roma con l'ottimo commento di Filippo Maria Pontani, e, sempre per svagarmi, mi provai a indovinare per eventuali miei versi qualche nuova combinazione metrica. Mi resi alla fine conto che una strofa formata d'endecasillabi e d'ottonari che trovassero la massima energia alla settima sillaba, e gli altri accenti alla prima, alla quarta e alla decima, poteva contenere uno sviluppo ritmico di straordinaria gravità. Fu questo movimento ritmico*

Ach, ich vergaß: Die Tauben hier wollen nichts anderes sein als junge Tauben: Mögen sie auch, ihrer schillernden Farbe und ihrer Taten wegen, von den Steinchen der Mosaike her toben oder über die Felder oder über das Pflaster laufen, sie sind echte Tiere, wirklich Tiere – überrascht Sie das? – in der ornithologischen Bedeutung des Wortes, auch wenn – im körperlichen Begehren ähneln sich alle Lebewesen – es ihnen gelingen mag, mir anthropomorph zu erscheinen, wenn ich phantasiere.

SIE HÜPFEN

Ravenna, März 1952

Sie hüpfen mit ihren kleinen Schritten
Und niemals werden sie nicht wach sein, keusch:
Sie sind Tauben. Noch kann der Azur
(Der aus Gold entweicht und Minium,
Sich auf Gräser legt, Spuren
Wie von Schnecken belebt,
Violett aufstöbert, verlängert)
Ob er ganz allein sich verzaubert
Oder kriecht, herumtappt, düster verharrt,
Es erreichen sie abzubringen
Von ihrem gegenseitigen tollen Geturtel.

3

Dann hielt ich mich damit auf, Pleiadi, *die kürzlich in Rom mit dem ausgezeichneten Kommentar von Filippo Maria Pontani erschienene Sammlung von Fragmenten griechischer Dichtung, anzusehen, und ich versuchte, immer noch abschweifend, für etwaige eigene Verse irgendeine neue metrische Anordnung zu erkennen. Mir wurde schließlich bewußt, daß eine aus Elf- und Achtsilbern gebildete Strophe, deren Hauptakzent auf der siebten Silbe und deren übrige Akzente auf der ersten, der vierten und der zehnten Silbe lagen, eine rhythmische Bewegung von außerordentlicher strenger Feierlichkeit entfalten konnte.*

divenutomi ossessivo nell'udito, che l'animo alla fine dovette esigere articolasse le parole che fra poco udrete. Esercizio metrico nel senso tecnico, esso è, e non solo. Mi vuole di più rammentare la misura che all'uomo è il suo corpo provvisorio. Indispensabile misura essendo il corpo lo strumento con il quale l'uomo si foggia la sua realtà immortale; ma, a sorte definita di quell'umana persona cui appartiene, cui segna il tempo, il corpo va in nulla. E se, anche a un vecchio, è terrorizzante l'ora della scissura, un vecchio è già tanto staccato dal corpo, lo sente tanto già come un peso che può succedergli di sognare la liberazione da quel peso, di sospirare il riposo finalmente per il corpo, l'acquisto per l'anima d'un'infinita leggerezza.

ESERCIZIO DI METRICA

Roma, il 15 Luglio 1952

Temi perché di in te udire,
Senza più illuderti, avvisi
Della rodente invadente
Terra? La culla tua solo era immagine
Di sepoltura, e credesti, gran frivolo,
Te moscerino alla fiamma uguagliasse.
L'urto patito che scinde,
Sorte ripresati Eterno, se, già
Fetida, l'alvo reclami che
È orrido a ingenui, la spoglia tua,
Giù essa sarà, dal suo mistero esule,
Sparsa nel sonno, non sozza, vera.

Es war diese rhythmische Bewegung, die mir nicht mehr aus dem Ohr ging, die mein Gemüt schließlich drängen sollte, die Worte zu artikulieren, die Sie gleich hören werden. Es ist eine metrische Übung im technischen Sinne, doch nicht nur. Sie will mir überdies wieder das Maß vor Augen halten, das dem Menschen sein provisorischer Körper ist. Ein unentbehrliches Maß, denn der Körper ist das Instrument, mit dem der Mensch sich seine unsterbliche Realität formt; sobald jedoch das Los jener menschlichen Person bestimmt ist, der er angehört und deren Zeit er anzeigt, wird der Körper null und nichtig. Und wenn auch selbst für einen alten Menschen die Stunde der Trennung ihren Schrecken hat, ist ein alter Mensch doch bereits so sehr vom Körper losgelöst, fühlt er ihn bereits so sehr als eine Last, daß es ihm widerfahren kann, sich die Befreiung von jener Last zu erträumen, sich herbeizusehnen, daß der Körper endlich Ruhe fände, daß die Seele eine unendliche Leichtigkeit erlangte.

METRISCHE ÜBUNG

Rom, den 15. Juli 1952

Fürchtest warum in dir zu hören,
Schon illusionslos, Nachrichten
Von der nagenden zudringlichen
Erde? Deine Wiege war Bild nur
Von Grab, und du glaubtest, großer Eitler,
Dich kleine Mücke mache sie der Flamme gleich.
Nachdem der Stoß erlitten der spaltet,
Das Los dir zurückgenommen der Ewige, wenn, schon
Stinkende, Schoß, der Arglosen
Gräßlich ist, deine Leiche fordert,
Wird sie unten, aus ihrem Mysterium verbannt,
Aufgelöst sein im Schlaf, nicht schmutzig, wahr.

SEMANTICA

Come dovunque in Amazzonia, qua
L'angìco abbonda, e già scoprirsi vedi
Alcuni piedi di sapindo,
Il libarò dei Guaranì;
E, di rado, di qui o di là,
I cautsciò si adunano in boschetti,
Riposo all'ombra sospirata d'alberi
Di fusto dritto ed alto,
Di scorza come d'angue,
Cari ai Cambebba.
Di lontano li scorgi
Mentre più torrido t'opprime il chiaro
E più ti lega il tedio
E gira moltitudine famelica
Di moschine invisibili,
Quando, di fitte foglie a tre per tre,
Con luccichio ti svelano verdissimo
D'un subito le cupole e la stanza,
Tremuli fino al suolo.
Sai che vi dondola per te un'amaca.
I tronchi ne feriscono e, col succo,
Zufoli ed otri plasmano quegli Indi;
Oggetti il cui destino conviviale
Nel Settecento nominare fa
A Portoghesi lepidi
Seringueira, l'appiccicosa pianta,
E dirne la sostanza,
Arcadi cocciuti, seringa,
Chi la va raccogliendo, seringueiro,
L'irrequieto boschetto, seringal,
Con suoni ormai solo da clinica.

SEMANTIK

Wie überall in Amazonien wuchert hier
Üppig die Angìco, und schon siehst du
Ein paar Sapindostämme sich enthüllen,
Das Trankopfer der Guaranì;
Und, selten, hier und da,
Sammeln sich Kautschukbäume in Wäldchen,
Ruhe im ersehnten Schatten von Bäumen
Geraden und hohen Stammes,
Mit Rinde wie von einer Schlange,
Teuer den Cambeba.
Von fern bemerkst du sie
Während dich heißer niederdrückt die Helle
Und mehr dich bindet der Überdruß
Und wildhungrige Unzahl
Unsichtbarer kleiner Mücken kreist,
Wenn, von dichten Blättern, drei und drei,
Mit Gefunkel tiefgrün dir enthüllen
Jäh die Kuppeln und das Zimmer
Zitterbewegungen bis zum Boden.
Du weißt, dort schaukelt für dich eine Hängematte.
Ihre Stämme verletzen sie und, mit dem Saft,
Flöten und Schläuche formen jene Indianer;
Gegenstände deren gesellige Bestimmung
Im achtzehnten Jahrhundert zu benennen eingibt
Geistreichen Portugiesen
Seringueira die klebrige Pflanze,
Und zu nennen ihre Substanz,
Dickköpfige Arkadier, seringa,
Den der sie sammelt seringueiro,
Das unruhige Wäldchen seringal,
Mit Klängen fortan nur von Klinik.

IL TACCUINO DEL VECCHIO
DAS MERKBUCH DES ALTEN

1952–1960

ULTIMI CORI PER LA TERRA PROMESSA

Roma, 1952–1960

1

Agglutinati all'oggi
I giorni del passato
E gli altri che verranno.

Per anni e lungo secoli
Ogni attimo sorpresa
Nel sapere che ancora siamo in vita,
Che scorre sempre come sempre il vivere,
Dono e pena inattesi
Nel turbinìo continuo
Dei vani mutamenti.

Tale per nostra sorte
Il viaggio che proseguo,
In un battibaleno
Esumando, inventando
Da capo a fondo il tempo,
Profugo come gli altri
Che furono, che sono, che saranno.

LETZTE CHÖRE FÜR DAS VERHEISSENE LAND

Rom, 1952–1960

1

Geleimt ans Heute
Die Tage der Vergangenheit
Und die andren die kommen werden.

Jahre und Jahrhunderte hindurch
Jeder Augenblick Überraschung
Im Wissen daß wir immer noch am Leben sind,
Daß weiterläuft, immer gleich, das Leben,
Geschenk und Pein unvermutet
Im unablässigen Wirbel
Der vergeblichen Wandlungen.

So durch unser Los
Die Reise die ich fortsetz,
Im Handumdrehen
Ausgrabend, neu erfindend
Vom Grund bis zum Scheitel die Zeit,
Flüchtling gleich den anderen
Die waren, die sind, die sein werden.

2

Se nell'incastro d'un giorno nei giorni
Ancora intento mi rinvengo a cogliermi
E scelgo quel momento,
Mi tornerà nell'animo per sempre.

La persona, l'oggetto o la vicenda
O gl'inconsueti luoghi o i non insoliti
Che mossero il delirio, o quell'angoscia,
O il fatuo rapimento
Od un affetto saldo,
Sono, immutabili, me divenuti.

Ma alla mia vita, ad altro non più dedita
Che ad impaurirsi cresca,
Aumentandone il vuoto, ressa di ombre
Rimaste a darle estremi
Desideri di palpito,
Accadrà di vedere
Espandersi il deserto
Sino a farle mancare
Anche la carità feroce del ricordo?

3

Quando un giorno ti lascia,
Pensi all'altro che spunta.

È sempre pieno di promesse il nascere
Sebbene sia straziante
E l'esperienza d'ogni giorno insegni
Che nel legarsi, sciogliersi o durare
Non sono i giorni se non vago fumo.

2

Wenn im Verfugtsein eines Tags in die Tage
Noch bedacht ich mich wiederfinde mich zu sammeln
Und wähle jenen Augenblick,
Wird er sich eingraben meinem Sinn für immer.

Die Person, der Gegenstand oder das Erlebnis
Oder die ungewohnten Orte oder die nicht ungewöhnlichen
Die Fieberwahn schürten, oder jene Beklemmung,
Oder die törichte Verzückung
Oder unerschütterliche Zuneigung,
Unwandelbar sind sie ich geworden.

Doch meinem Leben, nichts anderem mehr hingegeben
Als daß sich selbst zu erschrecken ihm zuwachse,
Steigernd noch seine Leere, Andrang von Schatten
Übriggeblieben ihm einzugeben äußerste
Herzschlagssehnsüchte,
Wird ihm widerfahren
Sich ausdehnen zu sehen die Wüste
Bis sie ihn missen läßt
Auch die wildgrausame Barmherzigkeit der Erinnerung?

3

Wenn ein Tag dich verläßt,
Denk an den andern der anbricht.

Geborenwerden ist immer voller Versprechen
Auch wenn es grausam quält
Und die Erfahrung tagtäglich lehrt
Daß im Sichbinden, Sichlösen oder Dauern
Nichts sind die Tage als unsteter Rauch.

4

Verso meta si fugge:
Chi la conoscerà?

Non d'Itaca si sogna
Smarriti in vario mare,
Ma va la mira al Sinai sopra sabbie
Che novera monotone giornate.

5

Si percorre il deserto con residui
Di qualche immagine di prima in mente,

Della Terra Promessa
Nient'altro un vivo sa.

6

All'infinito se durasse il viaggio,
Non durerebbe un attimo, e la morte
È già qui, poco prima.

Un attimo interrotto,
Oltre non dura un vivere terreno:

Se s'interrompe sulla cima a un Sinai,
La legge a chi rimane si rinnova,
Riprende a incrudelire l'illusione.

4

Ein Ziel hat die Flucht:
Wer wird es kennen?

Nicht von Ithaka träumt sich's
Verirrt auf wechselndem Meer,
Doch es geht das Trachten zum Sinai über den Sanden
Zählend eintönige Tage.

5

Die Wüste durchquert man mit Resten
Einiger Bilder von einst im Sinn,

Vom Verheißenen Land
Nichts sonst ein Lebender weiß.

6

Und dauerte unendlich die Reise,
Nicht einen Augenblick dauerte sie, und der Tod
Ist schon hier, kurz zuvor.

Ein Augenblick, unterbrochen,
Darüber hinaus dauert nicht ein irdisches Leben:

Bricht es ab auf eines Sinai Gipfel,
Erneuert sich das Gesetz dem der bleibt,
Wütet wieder, grausam, die Illusion.

7

Se una tua mano schiva la sventura,
Con l'altra mano scopri
Che non è il tutto se non di macerie.

È sopravvivere alla morte, vivere?

Si oppone alla tua sorte una tua mano,
Ma l'altra, vedi, subito t'accerta
Che solo puoi afferrare
Bricioli di ricordi.

8

Sovente mi domando
Come eri ed ero prima.

Vagammo forse vittime del sonno?

Gli atti nostri eseguiti
Furono da sonnambuli, in quei tempi?

Siamo lontani, in quell'alone d'echi,
E mentre in me riemergi, nel brusìo
Mi ascolto che da un sonno ti sollevi
Che ci previde a lungo.

7

Geht deine eine Hand dem Unglück aus dem Weg,
Entdeckst du mit der andern Hand
Daß nichts ist das Ganze als Schutt.

Ist den Tod überleben, leben?

Auflehnt sich gegen dein Los deine eine Hand,
Doch die andre, siehst du, versichert dir sogleich
Daß du nur fassen kannst
Erinnerungskrümel.

8

Oftmals frag ich mich
Wie du warst und ich war einst.

Trieben wir dahin vielleicht Opfer des Schlafs?

Was wir taten ward's
Getan von Schlafwandlern, damals?

Fern sind wir, in jenem Echohof,
Und während in mir du wieder emportauchst, höre ich
Im Geflüster mir an, wie du dich erhebst aus einem Schlaf
Der uns voraussah, lang schon.

9

Ogni anno, mentre scopro che Febbraio
È sensitivo e, per pudore, torbido,
Con minuto fiorire, gialla irrompe
La mimosa. S'inquadra alla finestra
Di quella mia dimora d'una volta,
Di questa dove passo gli anni vecchi.

Mentre arrivo vicino al gran silenzio,
Segno sarà che niuna cosa muore
Se ne ritorna sempre l'apparenza?

O saprò finalmente che la morte
Regno non ha che sopra l'apparenza?

10

Le ansie, che mi hai nascoste dentro gli occhi,
Per cui non vedo che irrequiete muoversi
Nel tuo notturno riposare sola,
Le tue memori membra,
Tenebra aggiungono al mio buio solito,
Mi fanno più non essere che notte,
Nell'urlo muto, notte.

9

Jedes Jahr, während ich entdecke daß Februar
Empfindsam ist und, aus Scham, trübe,
Bricht mit kleinem Blühen gelb hervor
Die Mimose. Sie umrahmt das Fenster
Meiner Wohnstatt von einst,
Dieser hier wo ich hinbring die alten Jahre.

Sollte sie, während ich nahe komme dem großen Schweigen,
Zeichen sein daß kein Ding stirbt,
Wenn wieder und wieder zurückkehrt seine Erscheinung?

Oder werde ich endlich erfahren daß der Tod
Herrschaft hat nur über die Erscheinung?

10

Die Ängste, die du mir verborgen hast tief in den Augen,
Wodurch ich nur unruhig sich bewegen sehe
In deinem nächtlich einsamen Ruhen
Deine erinnerungsschweren Glieder,
Finsternis setzen sie zu meinem gewohnten Dunkel,
Lassen mich nichts mehr sein als Nacht,
Im stummen Schrei, Nacht.

11

È nebbia, acceca vaga, la tua assenza,
È speranza che logora speranza,

Da te lontano più non odo ai rami
I bisbigli che prodigano foglie
Con ugole novizie
Quando primaverili arsure provochi
Nelle mie fibre squallide.

12

L'Ovest all'incupita spalla sente
Macchie di sangue che si fanno larghe,
Che, dal fondo di notti di memoria,
Recuperate, in vuoto
S'isoleranno presto,
Sole sanguineranno.

13

Rosa segreta, sbocci sugli abissi
Solo ch'io trasalisca rammentando
Come improvvisa odori
Mentre si alza il lamento.

L'evocato miracolo mi fonde
La notte allora nella notte dove
Per smarrirti e riprenderti inseguivi,
Da libertà di più
In più fatti roventi,
L'abbaglio e l'addentare.

11

Ist Nebel, blendet vage, dein Fortsein,
Ist Hoffnung die Hoffnung verschleißt,

Fern von dir hör ich nicht mehr an den Zweigen
Das Flüstern das verschwenderisch spenden
Mit Neulingskehlen Blätter
Wenn du Frühlingsgluten schürst
In meinen elenden Fibern.

12

Der Westen, auf verdunkelter Schulter, fühlt
Blutflecken die sich ausbreiten,
Die, aus der Tiefe von Gedächtnisnächten,
Zurückgeholt, im Leeren
Zu Inseln werden bald,
Einsam bluten werden.

13

Geheime Rose, du erblühst über den Abgründen
Nur daß ich auffahr erinnernd
Wie du unversehens duftest
Während die Klage sich erhebt.

Das beschworene Wunder schmilzt mir
Die Nacht nun in die Nacht wo
Dich zu verlieren und wiederzufinden du verfolgtest,
Durch Freiheit mehr
Und mehr rotglühend,
Die Blendung und Zugriff von Zähnen.

14

Somiglia a luce in crescita,
Od al colmo, l'amore.

Se solo d'un momento
Essa dal Sud si parte,
Già puoi chiamarla morte.

15

Se voluttà li cinge,
In cerca disperandosi di chiaro
Egli in nube la vede
Che insaziabile taglia
A accavallarsi d'uragani, freni.

16

Da quella stella all'altra
Si carcera la notte
In turbinante vuota dismisura,

Da quella solitudine di stella
A quella solitudine di stella.

17

Rilucere inveduto d'abbagliati
Spazi ove immemorabile
Vita passano gli astri
Dal peso pazzi della solitudine.

14

Sie gleicht Licht im Wachsen,
Oder auf dem Gipfel, die Liebe.

Kommt nur einen Moment
Es vom Süden ab,
Schon kannst du es nennen Tod.

15

Gürtet sie Wollust zusammen,
Erblickt verzweifelnd auf der Suche
Nach Helle er sie in der Wolke
Die unersättlich zerschneidet
Sich türmenden Stürmen Zügel.

16

Von Stern zu Stern, dazwischen
Kerkert sich die Nacht
In wirbelnd leerem Unmaß,

Von jener Sterneinsamkeit
Zu jener Sterneinsamkeit.

17

Aufleuchten, ungesehen, von geblendeten
Räumen wo unvordenkliches
Leben hinbringen die Gestirne
Von der Wucht der Einsamkeit irr.

18

Per sopportare il chiaro, la sua sferza,
Se il chiaro apparirà,

Per sopportare il chiaro, per fissarlo
Senza battere ciglio,
Al patire ti addestro,
Espìo la tua colpa,

Per sopportare il chiaro
La sferza gli contrasto
E ne traggo presagio che, terribile,
La nostra diverrà sublime gioia!

19

Veglia e sonno finiscano, si assenti
Dalla mia carne stanca,
D'un tuo ristoro, senza tregua spasimo.

20

Se fossi d'ore ancora un'altra volta ignaro,
Forse succederà che di quel fremito
Rifrema che in un lampo ti faceva
Felice, priva d'anima?

21

Darsi potrà che torni
Senza malizia, bimbo?

Con occhi che non vedano
Altro se non, nel mentre a luce guizza,
Casta l'irrequietezza della fonte?

18

Zu ertragen die Helle, ihren Geißelhieb,
Wenn die Helle erscheinen wird,

Zu ertragen die Helle, unverwandten Blicks
Ohne Zucken der Wimper,
Richte ich dich ab fürs Leiden,
Verbüß ich deine Schuld,

Zu ertragen die Helle
Erwid'r ich ihren Geißelhieb
Und ahne im voraus daß, furchtbar,
Die unsere höchste Freude werden wird!

19

Endeten doch Wachsein und Schlaf, wiche
Von meinem müden Fleisch,
Nach Stärkung von dir, rastlos quälendes Verlangen.

20

Wäre noch einmal ich stundenvergessen,
Wird's geschehen vielleicht daß wieder mich durchbebte
Jenes Beben das in einem Blitz
Dich beseligte, Seelenlose?

21

Könnt's sein daß du wiederkehrst
Ohne Arg, Kind?

Mit Augen die nichts sähen
Als, aufzuckend im Licht,
Keusch, die Unruhe der Quelle?

22

È senza fiato, sera, irrespirabile,
Se voi, miei morti, e i pochi vivi che amo,
Non mi venite in mente
Bene a portarmi quando
Per solitudine, capisco, a sera.

23

In questo secolo della pazienza
E di fretta angosciosa,
Al cielo volto, che si doppia giù
E più, formando guscio, ci fa minimi
In sua balìa, privi d'ogni limite,
Nel volo dall'altezza
Di dodici chilometri vedere
Puoi il tempo che s'imbianca e che diventa
Una dolce mattina,
Puoi, non riferimento
Dall'attorniante spazio
Venendo a rammentarti
Che alla velocità ti catapultano
Di mille miglia all'ora,
L'irrefrenabile curiosità
E il volere fatale
Scordandoti dell'uomo
Che non saprà mai smettere di crescere
E cresce già in misura disumana,
Puoi imparare come avvenga si assenti
Uno, senza mai fretta né pazienza
Sotto veli guardando
Fino all'incendio della terra a sera.

22

Ohne Hauch ist der Abend, unatembar,
Wenn ihr, meine Toten, und die wenigen Lebenden
die ich liebe,
Mir nicht in den Sinn kommt
Gutes mir zu bringen wenn
Aus Einsamkeit ich begreife, am Abend.

23

In diesem Jahrhundert der Geduld
Und angstvoller Eile,
Dem Himmel zugewandt, der unten sich doppelt
Und immer mehr, zur Kapsel sich wölbend, uns
verwinzigt
In seiner Gewalt, jeder Grenze Beraubte,
Kannst du im Höhenflug
Zwölf Kilometer über der Erde
Die Zeit sehen die sich weiß färbt
Und milder Morgen wird,
Kannst du, und kein Anhaltspunkt
Kommt aus dem Raum ringsum
Der dich erinnerte
Daß mit der Geschwindigkeit du hochgeschleudert
wirst
Von tausend Meilen in der Stunde,
Und du vergißt
Die unbezähmbare Neugier
Und das verhängnisvolle Wollen des Menschen
Der niemals ablassen kann zu wachsen
Und schon wächst in unmenschlichem Maß,
Kannst du lernen wie es kommt daß einer
Sich entfernt ohne jede Eile und Geduld
Und zusieht hinter Schleiern
Bis zu brennen beginnt die Erde am Abend.

24

Mi afferri nelle grinfie azzurre il nibbio
E, all'apice del sole,
Mi lasci sulla sabbia
Cadere in pasto ai corvi.

Non porterò più sulle spalle il fango,
Mondo mi avranno il fuoco,
I rostri crocidanti
L'azzannare afroroso di sciacalli.

Poi mostrerà il beduino,
Dalla sabbia scoprendolo
Frugando col bastone,
Un ossame bianchissimo.

25

Calava a Siracusa senza luna
La notte e l'acqua plumbea
E ferma nel suo fosso riappariva,

Soli andavamo dentro la rovina,

Un cordaro si mosse dal remoto.

24

Es packe mich in den blauen Fängen der Geier
Und lasse, beim Höchststand der Sonne,
Auf den Sand mich
Fallen den Raben zum Fraß.

Kein Schlamm wird mehr sein auf meinen Schultern,
Gereinigt werden mich haben das Feuer,
Die krächzenden Schnäbel
Mit ihrem Gestank die Fangzähne von Schakalen.

Dann wird der Beduine zeigen,
Aus dem Sand es entdeckend
Stöbernd mit dem Stock
Ein Gerippe, weißer als weiß.

25

Herabsank auf Syrakus mondlos
Die Nacht und das Wasser, bleiern
Und reglos, erschien wieder in seinem Graben,

Allein gingen wir zwischen den Trümmern,

Ein Seiler bewegte sich fernher.

26

Soffocata da rantoli scompare,
Torna, ritorna, fuori di sé torna,
E sempre l'odo più addentro di me
Farsi sempre più viva,
Chiara, affettuosa, più amata, terribile,
La tua parola spenta.

27

L'amore più non è quella tempesta
Che nel notturno abbaglio
Ancora mi avvinceva poco fa
Tra l'insonnia e le smanie,

Balugina da un faro
Verso cui va tranquillo
Il vecchio capitano.

26

Unter Röcheln erstickt verschwindet,
Kehrt wieder, kehrt zurück, kehrt außer sich wieder,
Und immer hör ich's tiefer in mir
Mehr und mehr lebendig werden,
Hell, zärtlich, noch mehr geliebt, furchtbar,
Dein erloschenes Wort.

27

Die Liebe ist nicht mehr jener Sturm
Der in der nächtlichen Blendung
Jüngst noch mich packte
Zwischen Schlaflosigkeit und Getriebensein,

Sie blinkt von einem Leuchtturm
Auf den ruhig zuhält
Der alte Kapitän.

CANTETTO SENZA PAROLE

Roma, Ottobre 1957

1

A colomba il sole
Cedette la luce...

Tubando verrà,
Se dormi, nel sogno...

La luce verrà,
In segreto vivrà...

Si saprà signora
D'un grande mare
Al primo tuo sospiro...

Già va rilucendo
Mosso, quel mare,
Aperto per chi sogna...

KLEINES LIED OHNE WORTE

Rom, Oktober 1957

1

Einer Taube trat
Die Sonne das Licht ab...

Gurrend wird sie kommen,
Wenn du schläfst, im Traum...

Das Licht wird kommen,
Im Geheimen wird's leben...

Wird Herrin sich wissen
Eines großen Meeres
Bei deinem ersten Seufzer...

Schon ist schimmernd
Bewegt jenes Meer,
Offen dem der traumt...

2

Non ha solo incanti
La luce che carceri...

Ti parve domestica,
Ad altro mirava...

Dismisura sùbito,
Volle quel mare abisso...

Titubasti, il volo
In te smarrì,
Per eco si cercò...

L'ira in quel chiamare
Ti sciupa l'anima,
La luce torna al giorno...

2

Nicht nur Zauber hat
Das Licht das du einkerkerst...

Es schien dir gezähmt,
Nach anderem trachtete es...

Unmaß jäh,
Wollte Abgrund jenes Meer...

Du zaudertest, der Flug
Verirrte sich in dir,
Ward durch Echo gesucht...

Der Zorn in jenem Rufen
Richtet dir zugrunde die Seele,
Das Licht wendet sich tagwärts...

CANTO A DUE VOCI

Roma, Domenica-Giovedì 10-14 Maggio 1959

PRIMA VOCE

Il cuore mi è crudele:

Ama né altrove troveresti fuoco

Nel rinnovargli strazi tanto vigile:

Lontano dal tuo amore

Soffocato da tenebra si avventa

E quando, per guardare nel suo baratro,

Arretri smemorandoti

In te gli occhi e l'agguanti,

Lo fulmina la brama,

L'unica luce sua che dal segreto

Suo incendio può guizzare.

ALTRA VOCE

Più nulla gli si può nel cuore smuovere,

Più nel suo cuore nulla

Se non acri sorprese del ricordo

In una carne logora?

ZWEISTIMMIGER GESANG

Rom, Sonntag-Donnerstag, 10.-14. Mai 1959

ERSTE STIMME

Das Herz ist grausam zu mir:

Es liebt und auch anderswo fändest du nicht Feuer

Im Erneuern seiner Qualen wachsam wie dies:

Fernab deiner Liebe

Erstickt von Finsternis stürzt es los

Und wenn, zu blicken in seinen Abgrund,

Du zurücknimmst, selbstvergessen,

In dich die Augen und es packst,

Trifft es der Blitz der Begierde,

Sein einziges Licht das aufzucken kann

Aus seinem verborgenen Brand.

ANDERE STIMME

Nichts mehr kann sich ihm im Herzen regen,

Nichts in seinem Herzen mehr

Als herbe Überraschungen der Erinnerung

In einem zermürbten Fleisch?

PER SEMPRE

Roma, il 24 Maggio 1959

Senza niuna impazienza sognerò,
Mi piegherò al lavoro
Che non può mai finire,
E a poco a poco in cima
Alle braccia rinate
Si riapriranno mani soccorrevoli,
Nelle cavità loro
Riapparsi gli occhi, ridaranno luce,
E, d'improvviso intatta
Sarai risorta, mi farà da guida
Di nuovo la tua voce,
Per sempre ti rivedo.

FÜR IMMER

Rom, den 24. Mai 1959

Ohne jede Ungeduld werd ich träumen,
Werde mich der Arbeit beugen
Die niemals enden kann,
Und nach und nach ganz oben
An den wiedergeborenen Armen
Werden wieder hilfreiche Hände sich öffnen,
In ihren Höhlen
Erneut erschienen werden Licht geben die Augen wieder,
Und du, unversehens Unversehrte,
Wirst wiederauferstanden sein, mich wird leiten
Von neuem deine Stimme,
Für immer seh ich dich wieder.

APOCALISSI

Roma, 3 gennaio–23 giugno 1961

APOKALYPSEN

Rom, 3. Januar–23. Juni 1961

1

Da una finestra trapelando, luce
Il fastigio dell'albero segnala
Privo di foglie.

2

Se unico subitaneo l'urlo squarcia[1]
L'alba, riapparso il nostro specchio solito,
Sarà perché del vivere trascorse
Un'altra notte all'uomo
Che d'ignorarlo supplica
Mentre l'addenta di saperlo l'ansia?

3

Di continuo ti muovono pensieri,
Palpito, cui, struggendoli, dai moto.

4

La verità, per crescita di buio
Più a volarle vicino s'alza l'uomo,
Si va facendo la frattura fonda.

1 *o a scelta:* Se d'improvviso l'urlo squarcia unico

1

Licht, sickernd durch ein Fenster,
Läßt aufblinken die Krone des Baums
Blattlos.

2

Zerreißt einzig jäh der Schrei[1]
Die Dämmerung, da wieder erschienen unser gewohnter
Spiegel,
Wird's sein weil eine weitere Lebensnacht
Dem Menschen verstrich
Der um Nichtwissen fleht
Während nach Wissen ihn packt der bange Wunsch?

3

Unablässig bewegen dich Gedanken,
Herzschlag, dem, sie verzehrend, du Antrieb gibst.

4

Die Wahrheit, je mehr durch Wachsen von Dunkel
Im Flug ihr nah zu kommen der Mensch sich erhebt,
Vertieft sie sich den Bruch.

1 *oder wahlweise:* Zerreißt unversehens der Schrei einzig

PROVERBI

Roma, 1966–1969

SPRICHWÖRTER

Rom, 1966–1969

UNO

Roma, a letto, dormicchiando,
nella notte tra il 27 e il 28 giugno 1966

S'incomincia per cantare
E si canta per finire.

DUE

È nato per cantare
Chi dall'amore muore.

È nato per amare
Chi dal cantare muore.

TRE

Chi è nato per cantare
Anche morendo canta.

QUATTRO

Chi nasce per amare
D'amore morirà.

EINS

Rom, im Bett, dösend,
in der Nacht vom 27. auf den 28. Juni 1966

Man beginnt um zu singen
Und man singt um zu enden.

ZWEI

Geboren ist um zu singen
Wer an der Liebe stirbt.

Geboren ist um zu lieben
Wer am Singen stirbt.

DREI

Wer geboren ist um zu singen
Singt auch im Sterben.

VIER

Wer geboren wird um zu lieben
Wird aus Liebe sterben.

CINQUE

Nascendo non sai nulla,
Vivendo impari poco,
Ma forse nel morire ti parrà
Che l'unica dottrina
Sia quella che si affina
Se in amore si segrega.

SEI

Potremmo seguitare.

FÜNF

Eben geboren weißt du nichts,
Im Leben lernst du wenig,
Doch vielleicht wird's im Sterben dir scheinen
Die einzige Lehre sei
Jene die sich läutert
wenn sie in Liebe sich absondert.

SECHS

Wir könnten fortfahren.

DIALOGO

DIALOG

1966–1968

Ungà

12 SETTEMBRE 1966

Sei comparsa al portone
In un vestito rosso
Per dirmi che sei fuoco
Che consuma e riaccende.

Una spina mi ha punto
Delle tue rose rosse
Perché succhiassi al dito,
Come già tuo, il mio sangue.

Percorremmo la strada
Che lacera il rigoglio
Della selvaggia altura,
Ma già da molto tempo
Sapevo che soffrendo con temeraria fede,
L'età per vincere non conta.

Era di lunedì,
Per stringerci le mani
E parlare felici
Non si trovò rifugio
Che in un giardino triste
Della città convulsa.

12. SEPTEMBER 1966

Du bist erschienen unterm Tor
In einem roten Kleid
Mir zu sagen du seist Feuer
Das verzehrt und neu entfacht.

Ein Dorn hat mich gestochen
Deiner roten Rosen
Damit ich vom Finger saug,
Als wär's schon deins, mein Blut.

Wir folgten der Straße
Die entzweireißt den üppigen Wuchs
Der wilden Höhe,
Doch schon seit langem
Wußte ich daß leidend mit verwegener Zuversicht
Nicht zählt das Alter um zu siegen.

Montag war's,
Uns die Hände zu drücken
Und zu sprechen, glücklich,
Fand sich Zuflucht
Nur in einem traurigen Garten
Der brodelnden Stadt.

STELLA

Stella, mia unica stella,
Nella povertà della notte, sola,
Per me, solo, rifulgi,
Nella mia solitudine rifulgi;
Ma, per me, stella
Che mai non finirai d'illuminare,
Un tempo ti è concesso troppo breve,
Mi elargisci una luce
Che la disperazione in me
Non fa che acuire.

STERN

Stern, mein einziger Stern,
In der Armut der Nacht, allein,
Für mich, allein, leuchtest du,
In meiner Einsamkeit leuchtest du;
Doch für mich, Stern,
Der du nie aufhören wirst zu erleuchten,
Ist zu kurze Zeit dir gewährt,
Du spendest mir ein Licht
Das die Verzweiflung in mir
Nur schärft.

È ORA FAMELICA

È ora famelica, l'ora tua, matto.

Strappati il cuore.

Sa il suo sangue di sale
E sa d'agro, è dolciastro essendo sangue.

Lo fanno, tanti pianti,
Sempre di più saporito, il tuo cuore.

Frutto di tanti pianti, quel tuo cuore,
Strappatelo, mangiatelo, saziati.

DIE WILDHUNGRIGE STUNDE IST'S

Die wildhungrige Stunde ist's, deine Stunde, Narr.

Reiß heraus dir das Herz.

Sein Blut schmeckt nach Salz
Und sauer schmeckt's, ist süßlich, da Blut.

Sie machen's, so viele Tränen,
Immer köstlicher, dein Herz.

Frucht so vieler Tränen, dieses dein Herz,
Reiß es heraus, verschling es, still deinen Hunger.

DONO

Ora dormi, cuore inquieto,
Ora dormi, su, dormi.

Dormi, inverno
Ti ha invaso, ti minaccia,
Grida: «T'ucciderò
E non avrai più sonno».

La mia bocca al tuo cuore, stai dicendo,
Offre la pace,
Su, dormi, dormi in pace,
Ascolta, su, l'innamorata tua,
Per vincere la morte, cuore inquieto.

GESCHENK

Schlaf jetzt, unruhiges Herz,
Schlaf jetzt, komm, schlaf.

Schlafe, Winter
Hat dich befallen, bedroht dich,
Schreit: «Ich werde dich töten
Und du wirst keinen Schlaf mehr haben.»

Mein Mund gewährt, sagst du,
Deinem Herzen Frieden,
Schlafe, komm, schlaf in Frieden,
Komm, hör auf die die dich liebt,
Damit du den Tod bezwingst, unruhiges Herz

HAI VISTO SPEGNERSI

A solitudine orrenda tu presti
Il potere di corse dentro l'Eden,
Amata donatrice.

Hai visto spegnersi negli occhi miei
L'accumularsi di tanti ricordi,
Ogni giorno di più distruggitori,
E un unico ricordo

Formarsi d'improvviso.
L'anima tua l'ha chiuso nel mio cuore
E ne sono rinato.

A solitudine che fa spavento
Offri il miracolo di giorni liberi.

Redimi dall'età, piccola generosa.

DU HAST VERLÖSCHEN SEHEN

Entsetzlicher Einsamkeit verleihst du
Die Macht zu wandeln im Paradies,
Geliebte Spenderin.

Du hast verlöschen sehen in meinen Augen
Das Sichanhäufen so vieler Erinnerungen,
Jeden Tag zerstörerischer,
Und eine einzige Erinnerung

Gestalt annehmen unversehens.
Deine Seele hat sie in mein Herz geschlossen
Und neu bin ich daraus geboren.

Einsamkeit die erschreckt
Gewährst du das Wunder freier Tage.

Du erlöst vom Alter, hochherzige Kleine.

LA CONCHIGLIA

1

A conchiglia del buio
Se tu, carissima, accostassi
Orecchio d'indovina,
Per forza ti dovresti domandare:
«Tra disperdersi d'echi,
Da quale dove a noi quel chiasso arriva?»

D'un tremito il tuo cuore ammutirebbe
Se poi quel chiasso,
Dagli echi generato, tu scrutassi
Insieme al tuo spavento nell'udirlo.

Dice la sua risposta a chi l'interroga:
«Insopportabile quel chiasso arriva
Dal racconto d'amore d'un demente;
Ormai è unicamente percettibile
Nell'ora degli spettri».

DIE MUSCHEL

1

Wenn an des Dunkels Muschel
Du, Liebste, legtest
Einer Seherin Ohr,
Unweigerlich müßtest du dich fragen:
«Zwischen verhallenden Echos,
Von welchem Woher erreicht uns jenes Lärmen?»

In einem Beben verstummte dein Herz
Wenn drauf jenes Lärmen,
Gezeugt von den Echos, du ergründetest
Zusammen, wenn du es hörst, mit deinem Schrecken.

Sagt ihre Antwort dem der sie fragt:
«Jenes Lärmen, unerträglich, kommt
Von eines Wahnsinnigen Liebeserzählung;
Zu vernehmen ist es jetzt einzig
In der Stunde der Gespenster.»

2

Su conchiglia del buio
Se tu, carissima, premessi orecchio
D'indovina: «Da dove – mi domanderesti –
Si fa strada quel chiasso
Che, tra voci incantevoli,
D'un tremito improvviso agghiaccia il cuore?»

Se tu quella paura,
Se tu la scruti bene,
Mia timorosa amata,
Narreresti soffrendo
D'un amore demente
Ormai solo evocabile
Nell'ora degli spettri.

Soffriresti di più
Se al pensiero ti dovesse apparire
Oracolo, quel soffio di conchiglia,
Che annunzia il rammemorarsi di me
Già divenuto spettro
In un non lontano futuro.

2

Wenn auf des Dunkels Muschel
Du, Liebste, preßtest einer Seherin
Ohr: «Von woher» – fragtest du mich –
«Bricht Bahn sich jenes Lärmen
Das, zwischen bezaubernden Stimmen,
In einem Beben unversehens vereist das Herz?»

Wenn du jene Angst,
Wenn du sie gründlich ergründest,
Meine furchtsame Geliebte,
Erzähltest du leidend
Von wahnsinniger Liebe
Zu beschwören jetzt allein
In der Stunde der Gespenster.

Mehr noch littest du
Wenn deinem Denken erscheinen sollte
Orakel, jener Muschelhauch,
Kündend die Erinnerung an mich
Gespenst schon geworden
In einer nicht fernen Zukunft.

LA TUA LUCE

Scompare a poco a poco, amore, il sole
Ora che sopraggiunge lunga sera.

Con uguale lentezza dello strazio
Farsi lontana vidi la tua luce
Per un non breve nostro separarci.

DEIN LICHT

Sacht, ganz sacht, versinkt, Geliebte, die Sonne
Nun da heraufzieht langer Abend.

Mit der Qual gleicher Langsamkeit
Sah ich dein Licht sich entfernen
Zu einer nicht kurzen, unserer, Trennung.

IL LAMPO DELLA BOCCA

Migliaia d'uomini prima di me,
Ed anche più di me carichi d'anni,
Mortalmente ferì
Il lampo d'una bocca.

Questo non è motivo
Che attenuerà il soffrire.

Ma se mi guardi con pietà,
E mi parli, si diffonde una musica,
Dimentico che brucia la ferita.

DES MUNDES BLITZ

Tausende Männer vor mir,
Und beladener auch als ich an Jahren,
Verletzte tödlich
Eines Mundes Blitz.

Dies ist kein Grund
Daß das Leiden sich mildert.

Doch siehst du mich an mit barmherziger Liebe,
Und sprichst zu mir, verbreitet sich eine Musik,
Vergesse ich daß brennt die Wunde.

SUPERSTITE INFANZIA

1

Un abbandono mi afferra alla gola
Dove mi è ancora rimasta l'infanzia.

Segno della sventura da placare.

Quel chiamare paziente
Da un accanito soffrire strozzato
È la sorte dell'esule.

2

Ancora mi rimane qualche infanzia.

Di abbandonarmi ad essa è il modo mio
Quel fuori di me correre
Stretto alla gola.

Sorte sarà dell'esule?

È per la mia sventura da placare
Il correre da cieco,
L'irrompente chiamarti di continuo
Strozzato dal soffrire.

ÜBERDAUERNDE KINDHEIT

1

Verlassenheit packt mich an der Kehle
Wo mir noch steckengeblieben die Kindheit.

Zeichen des Unglücks das Sänftigung will.

Jenes geduldige Rufen
Von verbissenem Leiden gewürgt
Ist das Los des Verbannten.

2

Noch bleibt mir ein Rest von Kindheit.

Ihr mich zu überlassen ist meine Art
Jenes Außer-mir-Laufen
Die Kehle zusammengeschnürt.

Wird es Los sein des Verbannten?

Für mein Unglück ist's das Sänftigung will
Das Laufen als Blinder,
Das hereinbrechende unablässige Rufen nach dir
Gewürgt vom Leiden.

Repliche di Bruna
Brunas Erwiderungen

13 SETTEMBRE 1966

Le mani con un tremito
Del telefono stringevano il filo;
Mi aveva poco prima
Recato la tua voce
Che mi diceva addio.

Un vagante raggio ebbe la luce,
Tenue filo dell'anima
Del mio bacio donato
Solo dal desiderio.

Ma dall'esilio ci libererà
L'ostinato mio amore.

13. SEPTEMBER 1966

Die Hände umklammerten zitternd
Die Schnur des Telefons;
Kurz zuvor hatte es mir
Deine Stimme zugetragen
Die Lebwohl mir sagte.

Einen schweifenden Strahl hatte das Licht,
Zarter Faden der Seele
Meines Kusses gegeben
Allein aus Verlangen.

Doch aus der Verbannung wird uns befreien
Meine beharrliche Liebe.

SÃO PAULO

Drusiaca città, celandoti notturna,
Amorevole accogli l'inquieto mio vagare.

Con la fuggita luce, morirono i colori
E più non appartiene il vivere
Che a rincorse di spettri.

Il pensiero nei ricordi s'affoga
E il passo mi accompagna solo l'ombra.

SÃO PAULO

Drusische Stadt, nächtlich dich verbergend,
Liebevoll nimmst du auf mein unruhiges Schweifen.

Mit dem entflohenen Licht erstarben die Farben
Und das Leben gehört nur noch
Dem Verfolgen von Gespenstern.

Das Denken ertrinkt in den Erinnerungen
Und meinen Schritt begleitet nur der Schatten.

VARIAZIONI SUL TEMA DELLA ROSA

1

Gioventù,
Eco bugiarda,
Violenta e breve,
Desiderio, poi subito
Solo ricordi.

Rompi l'ironica parete,
Lascia al cuore la scelta del destino.

Non temere,
Possiedi già un sostegno,
Quel suo vecchio bastone
Sul quale si appoggiava,
Donato con le rose.

VARIATIONEN ÜBER DAS THEMA DER ROSE

1

Jugend,
Trügerisches Echo,
Heftig und kurz,
Verlangen, dann plötzlich
Nur Erinnerungen.

Zerbrich die spöttische Wand,
Laß dem Herzen die Wahl des Schicksals.

Fürchte nichts,
Du hast schon einen Halt,
Seinen alten Stock
Auf den er sich stützte,
Geschenkt mit den Rosen.

2

Mi aspettavi paziente
Predestinato amore,
T'inseguivo sperduta
Dal primo mio dolore.

Nel rincorrere l'immagine sognata
Mille cadute.

Mi vestiva le membra solo il sangue,
Si spegnevano gli occhi,
Le mani consumate
Si chiudevano invano,
Periva il cuore.
La tenace tua carezza
Allontanò le tenebre,
Le lacrime frenate a lungo
Sgorgarono felici.

Il tuo amore fece germogliare
Sulle spine domate un fiore rosso
Che affido alle tue mani.

Ma già dall'orizzonte accenni addio
Con la tua mano tutta insanguinata.
L'ha punta la rosa donata
Che nutrendo si va di pianto.

Inguantata di sangue
Saluta la tua mano.

2

Geduldig hast du mich erwartet
Vorherbestimmte Liebe,
Ich verfolgte dich umhergetrieben
Von meinem ersten Schmerz.

Im Verfolgen des erträumten Bildes
Tausendfacher Sturz.

Meine Glieder kleidete nur das Blut,
Es erloschen die Augen,
Die verbrauchten Hände
Schlossen sich vergebens,
Zugrunde ging das Herz.
Deine hartnäckige Liebkosung
Vertrieb die Finsternis,
Glücklich brachen hervor
Die lang verhaltenen Tränen.

Deine Liebe ließ erblühen
Auf den gezähmten Dornen eine rote Blume
Die ich anvertraue deinen Händen.

Doch schon winkst du vom Horizont zum Abschied
Mit deiner Hand ganz befleckt von Blut.
Die geschenkte Rose hat sie gestochen
Die sich von Tränen nährt.

In einem Handschuh aus Blut
Grüßt deine Hand.

3

Dolorosa rincorsa
Dell'immagine amata.

Mattutino risveglio
Nella realtà del sogno
Di un cuore che moriva
In torturante attesa.

Dolce è rinascere
Tra innamorate braccia
Dopo il vagare inquieto.

Fuggì la luce,
Morirono i colori.
Il vivere ora spetta
Solo ai ricordi.

Macerano il pensiero.

4

Predestinata attesa
D'un inseguito sogno,
Alla sete assetata
Ascesa di Calvario.

Per palpiti di protettore amore
Poi, all'orizzonte brullo rinverdito,
Da tanta tenera carezza attratto
Un cuore morto ha ritrovato il battito.

3

Schmerzvolles Verfolgen
Des geliebten Bildes.

Morgendliches Erwachen
In der Wirklichkeit des Traums
Eines Herzens das starb
In qualvoller Erwartung.

Süß ist es wiedergeboren zu werden
In verliebten Armen
Nach unruhigem Schweifen.

Es floh das Licht,
Starben die Farben.
Das Leben ist nun
Allein Sache der Erinnerungen.

Sie zermürben das Denken.

4

Vorherbestimmte Erwartung
Eines verfolgten Traums,
Dem ungestillten Durst
Aufstieg zum Kalvarienberg.

Durch beschützender Liebe Puls
Dann, wieder ergrünt am öden Horizont,
Bezaubert von soviel zärtlicher Liebkosung
Hat ein totes Herz wieder zu schlagen begonnen.

5

Dolorosa rinocorsa
Dell'immagine amata.

Mattutino risveglio
In realtà di sogno
D'un cuore agonizzante nell'attesa.

Dolce il rinascere
Tra braccia d'amore.

Ma quella mano che riaccese un cuore
Spegne ora il sogno
Accennando addio.

Mano bagnata da gocce di sangue.
Sangue che è solo di spina di rosa,
Rosa punta dalla stessa spina
Se piange d'amore.

5

Schmerzvolles Verfolgen
Des geliebten Bildes.

Morgendliches Erwachen
In Traumwirklichkeit
Eines Herzens in Erwartung sterbend.

Süßes Wiedergeborenwerden
In Armen der Liebe.

Aber jene Hand die ein Herz neu entflammte
Löscht nun aus den Traum
Da sie zum Abschied winkt.

Hand naß von Blutstropfen.
Blut das nur von Rosendornen stammt,
Rose vom selben Dorn gestochen
Wenn sie aus Liebe weint.

SOLITUDINE

Di giorno mi protegge solitudine
E quando è notte mi fa scudo angoscia.

Nell'ombra mia sigillo il tuo pensiero
Ed è il suo scrigno un'anima fanciulla.

Del primo incontro l'attimo passò
E, breve, il tuo ritorno l'indomani
Mi ha chiuso come in tumulo di secoli.

EINSAMKEIT

Am Tag beschützt mich Einsamkeit
Und nachts ist Schild mir die Angst.

In meinen Schatten versiegle ich deine Gedanken
Und eine kindliche Seele ist ihr Schrein.

Vorüber ist der Augenblick der ersten Begegnung
Und, kurz nur, deine Rückkehr am folgenden Tag
Schloß mich gleichsam in ein Grab aus Jahrhunderten.

COLORE D'OMBRA

1

Del colore dell'ombra
Si dipinge la sera
Interminabile per me
Da te lontana.

Occhi, cuore, anima pungolano
Quell'insistente desiderio
Che vuole che ti chiami.

2

D'un colore d'ombra si velano
Cuore, anima e occhi
Persi nella sera
D'attesa interminabile.

3

Ombra è il colore
Del cuore, degli occhi, dell'anima,
In un'attesa senza fine, persi.

4

Cuore, anima e occhi,
Ombre nell'inoltrata notte, aspettano.

SCHATTENFARBE

1

Mit der Farbe des Schattens
Färbt sich der Abend
Endlos für mich
Fern von dir.

Augen, Herz, Seele stacheln
Jenes drängende Verlangen an
Das will daß ich dich rufe.

2

Mit Schattenfarbe verhüllen sich
Herz, Seele und Augen
Verloren im Abend
Endloser Erwartung.

3

Schatten ist die Farbe
Des Herzens, der Augen, der Seele,
Verloren in Erwartung ohne Ende.

4

Herz, Seele und Augen,
Schatten in vorgerückter Nacht, warten.

NUOVE

NEUE

1968–1970

PER I MORTI DELLA RESISTENZA

Qui
Vivono per sempre
Gli occhi che furono chiusi alla luce
Perché tutti
Li avessero aperti
Per sempre
Alla luce

FÜR DIE TOTEN DES WIDERSTANDS

Hier
Leben für immer
Die Augen die verschlossen wurden dem Licht
Damit alle
Sie geöffnet hätten
Für immer
Dem Licht

SOLILOQUIO
Gennaio-Febbraio 1969

I

Cercata in me ti ho a lungo,
Non ti trovavo mai,
Poi universo e vivere
In te mi si svelarono.

Quel giorno fui felice,
Ma il giubilo del cuore
Trepido mi avvertiva
Che non ne ero mai sazio.

Fu uno smarrirmi breve,
Già dita tue di sonno,
Apice di pietà,
Mi accarezzano agli occhi.

Davi allora sollecita
Quella quiete infinita
Che dopo amare assale
Chi ne godé la furia.

SOLILOQIUM
Januar-Februar 1969

I

In mir gesucht hab ich dich lang,
Ich fand dich nie,
Dann enthüllten in dir sich mir
Universum und Leben.

An jenem Tag war ich glücklich,
Doch der Jubel des bebenden
Herzens warnte mich
Daß nie ich satt würde davon.

Kurz nur war meine Verwirrung,
Schon liebkosen deine Schlaffinger,
Gipfel barmherziger Liebe,
Mir die Augen.

Fürsorglich schenktest du da
Jene unendliche Ruhe
Die nach der Liebe den überkommt
Der kostete ihre Raserei.

II

Rifulge il sole in te
Con l'alba che è risorta.
Può ripiegarmi a credere
Un mare tanto lieto?

Oggi è il carnale inganno
Che va sciupando un cuore
Logoro dal delirio.

Lo delude ogni mira,
Non torna più che finto
Il miracolo, acceca.

III

Il mio amore per te
Fa miracoli, Amore,
E, quando credi d'essermi sfuggita,
Ti scopro che t'inganni, Amore mio,
A illuminarmi gli occhi
Tornando la purezza.

II

Es leuchtet die Sonne in dir
Wenn neu heraufdämmert der Morgen.
Kann mich dem Glauben zurückgeben
Ein solch heiteres Meer?

Des Fleisches Trug
Verbraucht heute ein Herz
Verschlissen vom Rausch.

Es wird enttäuscht von jedem Trachten,
Fingiert nur kehrt zurück
Das Wunder, blendet.

III

Meine Liebe für dich
Vollbringt Wunder, Liebste,
Und wenn du glaubst du seist mir entflohen,
Entdeck ich wie du dich betrügst, meine Liebste,
Mir die Augen zu erleuchten
Kehrt die Reinheit zurück.

CROAZIA SEGRETA

Roma, Harvard, Parigi, Roma, dal 12 aprile al 16 luglio 1969

LE BOCCHE DI CATTARO

Quando persi mio padre, nel 1890, e avevo solo due anni, mia madre accolse in casa nostra, come una sorella maggiore, una vecchia donna, e fu la mia tenerissima, espertissima fata.
Era venuta tanti anni prima in Egitto dalle Bocche di Cattaro dove risiedeva, ma era per nascita più croata, se possibile, che non sia la gente delle Bocche.
Lo stupore che ci raggiunge dai sogni, m'insegnò lei a indovinarlo. Nessuno mai si rammenterà quanto se ne rammentava lei, di avventure incredibili, né meglio di lei le saprà raccontare per invadere la mente e il cuore d'un bambino con un segreto inviolabile che ancora oggi rimane fonte inesauribile di grazia e di miracoli, oggi che quel bimbo è ancora e sempre bimbo, ma bimbo di ottant'anni.
Ho ritrovato Dunja l'altro giorno, ma senza più le grinze d'un secolo d'anni che velandoli le sciupavano gli occhi rimpiccioliti, ma con il ritorno scoperto degli occhioni notturni, scrigni di abissi di luce.
Di continuo ora la vedo bellissima giovane, Dunja, nell'oasi apparire, e non potrà più attorno a me desolarmi il deserto, dove da tanto erravo.
Non ne dubito, prima induce a smarrimento di miraggi, Dunja, ma subito il bimbo credulo assurge a bimbo di fede, per le liberazioni che sempre frutterà la verità di Dunja.
Dunja, mi dice il nomade, *da noi, significa universo.*
Rinnova occhi d'universo, Dunja.

GEHEIMNISVOLLES KROATIEN

Rom, Harvard, Paris, Rom, vom 12. April bis zum 16. Juli 1969

DIE BUCHT VON KOTOR

Als ich, 1890, meinen Vater verlor – ich war erst zwei Jahre alt –, nahm meine Mutter, wie eine große Schwester, eine alte Frau in unser Haus auf, und sie wurde meine zärtlichste, kundigste Fee.

Sie war vor vielen Jahren von der Bucht von Kotor, wo sie damals ansässig war, nach Ägypten gekommen, aber von Geburt war sie kroatischer, sollte dies möglich sein, als die Leute der Bucht.

Das Staunen, das aus den Träumen zu uns gelangt, lehrte sie mich zu enträtseln. Niemand wird je so wie sie an unglaubliche Abenteuer sich erinnern, niemand besser sie zu erzählen wissen als sie, um den Sinn und das Herz eines Kindes mit einem unantastbaren Geheimnis zu erfüllen, das noch heute eine unversiegbare Quelle von Anmut und von Wundern bleibt, heute da dieses Kind immer noch und für immer Kind ist, ein Kind freilich von achtzig Jahren.

Neulich habe ich Dunja wiedergetroffen, doch ohne die Runzeln eines Jahrhunderts von Jahren, die, sie verschleiernd, ihre klein gewordenen Augen entstellten, mit der unverhüllten Wiederkehr der großen Nachtaugen aber, Schreinen von Abgründen von Licht.

Fortwährend sehe ich sie, Dunja, nun als wunderschönes Mädchen in der Oase erscheinen, und nicht länger kann rings um mich her die Wüste mich trostlos machen, in der ich so lange schon umherirrte.

Ich zweifle nicht daran, zuerst ruft Dunja die Verwirrung von Luftspiegelungen hervor, doch plötzlich erhebt sich das leichtgläubige Kind zu einem Kind des Glaubens, durch die Befreiungen, die für immer Dunjas Wahrheit einbringen wird.

Dunja, so sagt mir der Nomade, *bedeutet bei uns Universum*.
Erneuere Universumsaugen, Dunja.

DUNJA

Si volge verso l'est l'ultimo amore,
Mi abbuia da là il sangue
Con tenebra degli occhi della cerva
Che se alle propria bocca lei li volga
Fanno più martoriante
Vellutandola, l'ardere mio chiuso.

Arrotondìo d'occhi della cerva
Stupita che gli umori suoi volubili
Di avvincere con passi le comandino
Irrefrenabili di slancio.

D'un balzo, gonfi d'ira
Gli strappi, va snodandosi
Dal garbo della schiena
La cerva che diviene
Una leoparda ombrosa.

O, nuovissimo sogno, non saresti
Per immutabile innocenza innata
Pecorella d'insolita avventura?

L'ultimo amore più degli altri strazia,
Certo lo va nutrendo
Crudele il ricordare.

Sei qui. Non mi rechi l'oblio te
Che come la puledra ora vacilli,
Trepida Gambe Lunghe?

D'oltre l'oblio rechi
D'oltre il ricordo i lampi.

DUNJA

Nach Osten wendet sich die letzte Liebe,
Verdunkelt mir von dort das Blut
Mit Finsternis der Augen der Hirschkuh
Die, lenkt sie zum eigenen Mund sie,
Marternder machen,
Ihn samtend, mein verschlossenes Brennen.

Rundung in den Augen der Hirschkuh
Die erstaunt daß ihre wechselhaften Launen
Zu fesseln ihr befehlen mit Schritten
Nicht zu zügeln im Schwung.

Hochschnellend, zorngeschwellt
Die Sprünge, löst sich
Aus der Anmut des Rückens
Die Hirschkuh sich wandelnd
Zu scheuer Leopardin.

Oder, neuester Traum, wärest du nicht
Durch unwandelbare angeborene Unschuld
Ungewöhnlichen Abenteuers Lamm?

Die letzte Liebe quält mehr als die anderen,
Gewiß nährt sie
Grausam das Erinnern.

Du bist hier. Bringst du mir nicht das Vergessen,
Du, schwankend jetzt wie das Füllen,
Zitterndes Langbein?

Von jenseits des Vergessens bringst du
Von jenseits der Erinnerung die Blitze.

Capricciosa croata notte lucida
Di me vai facendo
Uno schiavo ed un re.

Un re? Più non saresti l'indomabile?

Launenhafte kroatische glänzende Nacht,
Du machst aus mir
Einen Sklaven und einen König.

Einen König? Wärest du nicht mehr die Unbezähmbare?

L'IMPIETRITO E IL VELLUTO

Roma, notte del 31 dicembre 1969-mattina del 1° gennaio 1970

Ho scoperto le barche che molleggiano
Sole, e le osservo non so dove, solo.

Non accadrà le accosti anima viva.

Impalpabile dito di macigno
Ne mostra di nascosto al sorteggiato
Gli scabri messi emersi dall'abisso
Che recano, dondolo del vuoto,
Verso l'alambiccare
Del vecchissimo ossesso
La eco di strazio dello spento flutto
Durato appena un attimo
Sparito con le sue sinistre barche.

Mentre si avvicendavano
L'uno sull'altro addosso
I branchi annichiliti
Dei cavalloni del nitrire ignari,

Il velluto croato
Dello sguardo di Dunja,
Che sa come arretrarla di millenni,
Come assentarla, pietra
Dopo l'aggirarsi solito
Da uno smarrirsi all'altro,
Zingara in tenda di Asie,

Il velluto dello sguardo di Dunja
Fulmineo torna presente pietà.

DAS VERSTEINERTE UND DER SAMT

Rom, Nacht des 31. Dezember 1969-Morgen des 1. Januar 1970

Ich hab die Boote entdeckt die sich wiegen
Allein, und beobachte sie ich weiß nicht wo, allein.

Nie wird sich ihnen nahen eine lebende Seele.

Untastbarer Felsfinger
Zeigt im Verborgenen dem Ausgelosten
Ihre rauhen Boten emporgetaucht aus dem Abgrund
Die, Schaukeln der Leere,
Zum Filterwerk
Des uralten Besessenen
Das Echo tragen von Qual der erloschenen Flut
Die kaum einen Augenblick gedauert hat
Verschwunden mit ihren unheilvoll düsteren Booten.

Während sich abwechselten
Die eine im Nacken der anderen
Die vernichteten Herden
Der Wellenpferde die das Wiehern nicht kennen,

Der kroatische Samt
Von Dunjas Blick,
Der weiß wie er sie zurückversetzt um Jahrtausende
Wie er sie entfernt, Stein
Nach dem gewohnten Umherschweifen
Von einem Sich-Verirren zum anderen,
Zigeunerin in asiatischem Zelt,

Der Samt von Dunjas Blick,
Blitzschnell läßt er Barmherzigkeit wieder da sein.

ANHANG

ZU DIESEM BAND

Der vorliegende Band 3 der Werkausgabe Giuseppe Ungaretti bietet Ungarettis lyrisches Spätwerk, d.h. die Gedichte, die ab Mitte der vierziger Jahre entstanden sind (mit Ausnahme einiger weniger Gedichte aus dem Jahre 1933 in den «Svaghi» sowie dem Gedicht «Gridasti: Soffoco» von 1939/40 [alle in *Un Grido e Paesaggi*]), also die Gedichtbände *La Terra Promessa* (1935–1953), *Un Grido e Paesaggi* (1939–1952), *Il Taccuino del Vecchio* (1952–1960) sowie die Gedichte aus dem letzten Lebensjahrzehnt: *Apocalissi* (1961), *Proverbi* (1966–1969), *Dialogo* (1966–1968) und *Nuove* (1968–1970). Der italienische Text und die Übersetzung folgen der Ausgabe «letzter Hand» *Vita d'un uomo – Tutte le poesie*, Milano (Mondadori) 1969 *(I Meridiani)*. Im Anhang wird darüber hinaus noch ein Gedicht mitgeteilt, das Ungaretti nicht in die Ausgabe *Tutte le poesie* aufgenommen hat; es handelt sich hierbei um Ungarettis vorletztes Gedicht, entstanden im Dezember 1969, «Grecia 1970». Des weiteren enthält der Band Ungarettis Kommentar zu seiner «Canzone» und, in umfangreichen Auszügen, Leone Piccionis Studie «Le origini della ‹Terra Promessa›» (in *Tutte le poesie*, S. 545–565 bzw. S. 427–464), beide in der Übersetzung von Angelika Baader, sowie die Studie «Sugli autografi del ‹Monologhetto›» von Piero Bigongiari (in *Tutte le poesie*, S. 465–493).
Die Anmerkungen verzeichnen so lückenlos wie bis zum jetzigen Zeitpunkt bekannt die Drucknachweise für jedes Gedicht (in Zeitschriften und Anthologien; auf die Ausgaben der Gedichtbände wird nur dann verwiesen, wenn ein Gedicht nicht vorher schon veröffentlicht worden war; die Ausgaben sind jeweils in der Bibliographie verzeichnet). Die Anmerkungen verzeichnen darüber hinaus die Übersetzungen ins Französische (die für die Übersetzungen der vorliegenden Ausgabe konsultiert wurden) und, soweit vorhanden, ins Deutsche; sie enthalten außerdem von Fall zu Fall Hinweise zur Entstehungsgeschichte der Gedichte sowie wichtige Vorstufen und Varianten. Vorstufen werden in der Regel als vollständige Texte geboten und stets übersetzt. Den Anmerkungen zu den Gedichten sind zum Teil jeweils zusammenfassende Erläuterungen zur Entstehung der jeweiligen Gedichtbände vorangestellt sowie jeweils chronologische Bibliographien, die einen synoptischen Überblick über die Veröffentlichungslage vermitteln wollen. In Übersetzung werden außerdem Ungarettis eigene Erläuterungen und Kommentare zu einzelnen Gedichten mitgeteilt.
Ungarettis Spätwerk ist, mit Ausnahme des Gedichtbandes *Un Grido e Paesaggi*, der hier erstmals in deutscher Übersetzung vorgelegt wird, praktisch vollständig übersetzt worden, teilweise sogar mehrfach (cf. die nachfolgende «Bibliographie der deutschen Übersetzungen der in diesem Band enthaltenen Gedichte Ungarettis»). Dies gilt insbesondere für den *Taccuino del Vecchio*, der insgesamt dreimal übersetzt worden ist, nämlich von Hilde Domin (allerdings nicht ganz vollständig, es fehlen die Nummern 2, 15, 18, 19, 20, 23, 25 und 27 der «Ultimi Cori per la Terra Promessa»), Paul Celan und Michael Marschall von Bieberstein. Celan hat darüber hinaus auch die *Terra Promessa* komplett übersetzt. Einige wenige Gedichte aus der *Terra Promessa* und dem *Taccuino* wurden auch

von Ingeborg Bachmann übersetzt, so daß es von manchem Gedicht bis zu vier («Cantetto senza parole»), ja sogar fünf («Per sempre», wenn man Hanno Helbling noch dazurechnet) Übersetzungen gibt.
Für den Übersetzer, der sich danach an eine Neuübersetzung des Spätwerks wagt, bedeutet dies eine schwere Bürde, gerade weil er sich teilweise auch mit bedeutenden Dichtern deutscher Sprache wie Hilde Domin oder Paul Celan messen und messen lassen muß. Sich vor allem aus dem Bann Celans zu lösen, der bei aller Eigenwilligkeit stets fasziniert, war zunächst gar nicht so einfach und gelang nur schrittweise in mehreren Überarbeitungsphasen über die Jahre hinweg, die mit der Zeit zu einem größeren Abstand und zu einem eigenen, Ungarettis Texten immer genauer folgenden Ton führten (was eigene Freiheiten nicht ausschließt). Wenn sich dennoch gelegentlich «Celansches» (oder auch «Bachmannsches») in den eigenen Übersetzungen findet, so ist das nicht zuletzt auch als Reverenz an die bedeutenden Vorgänger zu verstehen. Ich hoffe, die hier vorgelegten Neuübersetzungen können neben den bereits existierenden ein wenig bestehen. Wichtig schien, einmal eine einheitliche Gesamtübersetzung des ungarettischen Spätwerks aus einer Hand vorzulegen.
Mein ganz besonderer Dank gilt auch diesmal wieder Angelika Baader. Wie schon bei den vorangegangenen Bänden hat sie auch diesmal wieder das Gesamtmanuskript kritisch durchgesehen, und die Übersetzungen der Gedichte wurden in der letzten Phase der Arbeit an ihnen in Zusammenarbeit mit ihr noch einmal gründlich überarbeitet, wobei sie ihr fachliches Wissen und ihre Kompetenz in Hinblick auf Ungarettis Poetologie produktiv einbrachte und in konstruktiver Kritik immer wieder auf noch größere Genauigkeit drang, die dann wiederum mit dem eigenen poetischen Anspruch in Einklang gebracht werden mußte, denn philologische, semantische Genauigkeit und sprachliche Qualitäten wie Rhythmus, Klanglichkeit etc. – der ungarettische «Gesang» – müssen gleichermaßen bei der Übersetzung der Gedichte Ungarettis berücksichtigt werden. Im Falle der «Canzone», dem wohl komplexesten und kompliziertesten, noch dazu einem der ganz wenigen gereimten Gedichte Ungarettis, führte dies dazu, daß wir neben einer gereimten Übersetzung innerhalb des von Angelika Baader übersetzten Canzone-Kommentars von Ungaretti eine weitere, den Verläufen des Gedichts im Kontext der Kommentierung so präzise wie möglich folgende ungereimte Übersetzung präsentieren, für die sie ebenfalls verantwortlich zeichnet. Bei einem derart schwierigen Gedicht scheint dies eine angemessene und gerechtfertigte Art der Annäherung. Danken möchte ich darüber hinaus auch wieder meinem Verleger Peter Kirchheim für das sorgfältige Lektorat und die kritische Diskussion der Übersetzungen, die ebenfalls ihre Spuren in den endgültigen Fassungen hinterlassen haben.
Hilfreich beim Übersetzen war natürlich auch diesmal wieder die Beschäftigung mit Varianten und Vorstufen, die beim Spätwerk indes spärlicher sind als bei den frühen und mittleren Gedichtbänden, allerdings durch das Fehlen kritischer Ausgaben für die Spätphase von Ungarettis lyrischem Schaffen auch noch nicht so gründlich aufgearbeitet und zugänglich gemacht sind. Dies gilt vor allem für die Manuskripte und Druckfahnen, auf denen Ungaretti ja ebenfalls noch zu korrigieren pflegte.

So stand für die späten Gedichte also im wesentlichen nur der Apparat der Varianten in der Ausgabe *Tutte le poesie* zur Verfügung. Außerdem wurden natürlich auch diesmal wieder die bereits existierenden Übersetzungen ins Deutsche und ins Französische (hier ist als besonders interessant die Übersetzung der Nummern 1–7 und 9/10 der «Ultimi Cori per la Terra Promessa» von Francis Ponge zu nennen, ansonsten ist das Spätwerk mit wenigen Ausnahmen praktisch von Philippe Jaccottet übersetzt worden) eingesehen und konsultiert.
Zum Schluß noch eine persönliche Bemerkung. Am 12. März 1992 starb in München Martin Camaj, einer der bedeutendsten albanischen Lyriker, ein bedeutender Lyriker der Weltliteratur dieses Jahrhunderts, zudem ein eminenter, weltweit anerkannter Albanologe, der dreißig Jahre an der Münchner Universität gelehrt hatte. In den fünfziger Jahren hatte Camaj Gelegenheit gehabt, in Rom bei Ungaretti zu studieren, und ich hatte Gelegenheit, einige Male mit ihm über Ungaretti zu sprechen und ihm die Übersetzungen dieses Bandes zeigen zu dürfen, die er auch kommentiert hat, nicht als Philologe, als Lyriker. Martin Camaj, in dessen Lyrik sich Spuren von Ungarettis Lyrik ausmachen lassen, widme ich meine Übersetzungen der späten Gedichte Ungarettis.

BIBLIOGRAPHIE

der deutschen Übersetzungen der in diesem Band enthaltenen Gedichte Ungarettis

Giuseppe Ungaretti, *Gedichte*, italienisch und deutsch, Übertragung und Nachwort von Ingeborg Bachmann, Frankfurt/M. (Suhrkamp) 1961 (*Bibliothek Suhrkamp* 70) (enthält: «Kleines Lied ohne Worte», «Für immer», «Finale», S. 142–149)

Giuseppe Ungaretti, *Das verheißene Land, Das Merkbuch des Alten*, zweisprachige Ausgabe, deutsch von Paul Celan, Frankfurt/M. (Insel) 1968; auch in: Paul Celan, *Gesammelte Werke in fünf Bänden*, fünfter Band: *Übertragungen II*, zweisprachig, Frankfurt/M. (Suhrkamp) 1983, S. 421 bis 539 (auch als *suhrkamp taschenbuch* 1332)

Giuseppe Ungaretti, «Aus dem Tagebuch eines alten Mannes, Gedichte», übertragen von Hilde Domin, in: *Neue Deutsche Hefte* XI (1964), S. 22–26

Giuseppe Ungaretti, «Letzte Chöre für das Verheißene Land aus Tagebuch eines alten Mannes», übertragen von Hilde Domin, in: *Lyrische Hefte* 23 (1965), S. 11–14

Hilde Domin, *Gesammelte Gedichte*, Frankfurt/M. (S. Fischer) 1987: Giuseppe Ungaretti, Aus ‹Tagebuch des alten Mannes›: «Letzte Chöre für das Verheißene Land (Chöre 1, 3–14, 16/17, 21/22, 24, 26)», «Wortloses Lied», «Gesang für zwei Stimmen», «Auf immer», S. 369–381

Giuseppe Ungaretti, *Notizen des Alten*, italienisch und deutsch, Übersetzung von Michael Marschall von Bieberstein, mit einer Lithographie von Pericle Fazzini, Frankfurt/M. (Ars Librorum, Edition de Beauclair) 1967

Giuseppe Ungaretti, «Dialogo 1968», übertragen von Michael Marschall von Bieberstein, in: *Akzente* 3 (1970), S. 241–247

Giuseppe Ungaretti, «Apokalypse», «Chor 23», übertragen von Michael Marschall von Bieberstein, in: *Akzente* 3 (1972), S. 232–234

Giuseppe Ungaretti, *Die späten Gedichte*, italienisch und deutsch, Übertragung und Nachwort von Michael Marschall von Bieberstein, München/Zürich (Piper) 1974 (enthält: «Kanzone», «Finale» aus *La Terra Promessa*, *Il Taccuino del Vecchio*, *Apocalissi*, *Dialogo* (nur die Gedichte Ungarettis), «Für die Toten des Widerstandes», «Geheimnisvolles Kroatien»); auch München (Heyne) 1980 (*Heyne Lyrik* Nr. 23)

Giuseppe Ungaretti, *Ich suche ein unschuldiges Land*, Gesammelte Gedichte, italienisch/deutsch, Übertragung und Nachwort von Michael Marschall von Bieberstein, München/Zürich (Piper) 1988 (enthält komplett die vorhergehende Ausgabe von 1974: *Die späten Gedichte*, S. 167–281)

Giuseppe Ungaretti, «Das Notizbuch des alten Mannes», Einführung und Übertragung von Otto von Taube, in: Merkur 16, 8 (1962), S. 720 bis 725

Giuseppe Ungaretti, *Freude der Schiffbrüche*, herausgegeben und mit einem Nachwort versehen von Christine Wolter, nachgedichtet von Ingeborg Bachmann, Michael Marschall von Bieberstein, Paul Celan, Elke Erb, Christine Wolter, mit einer Illustration von Jürgen Stock, Berlin (Ost) (Volk und Welt) 1977 (enthält, in der Übersetzung Paul Celans, *La*

Terra Promessa [mit Ausnahme von «Canzone», «Recitativo di Palinuro», «Variazioni su nulla»], *Il Taccuino del Vecchio* [mit Ausnahme von «Letzte Chöre für das verheißene Land 10, 11, 16», «Cantetto senza parole»], in der Übersetzung von Michael Marschall von Bieberstein *Apocalissi*, *Dialogo* [mit Ausnahme von «La tua luce»], «Die Bocche di Cattaro» und «Dunja» aus *Croazia segreta* und «Für die Toten des Widerstandes», sowie, in der Übersetzung von Christine Wolter, «Griechenland 1970»; aus dem Band *Sentimento del Tempo* enthält der Band – dies als Nachtrag zu Bd. 2 der vorliegenden Ausgabe – in der Übersetzung Ingeborg Bachmanns die Gedichte «Sich gleich», «Ruhe», «Barmherzigkeit», «Beduinenlied», «Ohne Gewicht», in der Übersetzung von Elke Erb die Gedichte «Erinnerung an Afrika», «See Mond Morgengrauen Nacht», «Hymne an den Tod», «Im Juli», «Sie wird dir offenbaren», «Ende des Chronos», «Sterne», «Schrei», «Die Mutter», «Dorthin, wo das Licht», «Kain», «Das Gebet», «Fünfter Gesang» und «Gefühl der Zeit»; aus dem Band *Il Dolore* in der Übersetzung Ingeborg Bachmanns die Gedichte «Alles habe ich verloren», «Wenn du mein Bruder», «Tag für Tag 1–5, 7–10, 12/13», «Schreit nicht mehr», in der Übersetzung von Elke Erb die Gedichte «Irr meine Schritte» und «In den Adern»)

GRECIA 1970

Roma, il 12 dicembre 1969

GRIECHENLAND 1970

Rom, den 12. Dezember 1969

GRECIA 1970

Atene, Grecia, segreto, vertice
di favola incastonata dentro il
topazio che l'inanella.

Sul proprio azzurro insorta in minimi
limiti, per essere misura, libertà
della misura, libertà di legge che
a sé liberi legge.

Sino al mare,
dal cielo al mare, liberi l'umano vertice,
la legge di libertà, dal mare al cielo.

Non saresti più, Atene, Grecia,
che tana di dissennati? Che
terra della dismisura, Atene
mia, Atene occhi aperti
che a chi aspirava all'umana
dignità, apriva
gli occhi.

Ora, mostruosa accecheresti?
Chi ti ha ridotta a tale,
quali mostri?

Roma, il 12 dicembre 1969

GRIECHENLAND 1970

Athen, Griechenland, Geheimnis, Gipfel
von Fabel gefaßt in den
Topas der es beringt.

Auf dem eigenen Azur aufgestanden in winzigen
Grenzen, Maß zu sein, Freiheit
des Maßes, Freiheit von Gesetz das
zu sich befreie Gesetz.

Bis zum Meer,
vom Himmel zum Meer, befreist du den menschlichen
Gipfel,
das Gesetz von Freiheit, vom Meer zum Himmel.

Wärest du mehr nicht, Athen, Griechenland,
als Höhle von Wahnsinnigen? Als
Erde des Unmaßes, mein
Athen, Athen offenen Auges
das dem der nach menschlicher Würde
strebte die Augen
öffnete.

Jetzt, Ungeheuerliche, blendetest du?
Wer hat dich so weit gebracht,
welche Ungeheuer?

Rom, 12. Dezember 1969

ANMERKUNGEN

LA TERRA PROMESSA

Die ersten Arbeiten an der *Terra Promessa*, die 1950 erstmals erscheint, reichen in das Jahr 1935 zurück. 1936 nimmt Ungaretti in die zweite Auflage des *Sentimento del Tempo*, der, insbesondere in den Sektionen «La Fine di Crono» und «Sogni e Accordi», das Buch des Sommers und der Liebe war, in die abschließende Sektion «L'Amore» drei Gedichte aus den Jahren 1934 und 1935 auf («Quale grido», «Senza più peso» und «Auguri per il proprio compleanno»), die neue Töne anschlagen, in denen er sich, wie er selbst sagt, «des Alterns und des Sterbens in meinem Fleisch selbst gewahr» wird (cf. *Vita d'un uomo – Saggi e interventi*, Milano [Mondadori] 1974, S. 826). In das Jahr 1935 fällt auch die erste Arbeit an der großen «Canzone» und damit an dem späteren Gedichtband *La Terra Promessa*, der ursprünglich den Titel *Penultima Stagione* (‹Vorletzte Jahreszeit›) tragen sollte. «Es war der Herbst, den ich in meinem Gedicht besingen wollte, ein vorgerückter Herbst, von welchem sich das letzte Zeichen von Jugend, irdischer Jugend, die letzte Fleischeslust für immer verabschieden sollten», schreibt Ungaretti diesbezüglich (cf. u. S. 186). Doch die Arbeit an den «Quartine dell'autunno», aus denen dann die «Canzone» werden sollte (cf. hierzu die Studie «Le origini della ‹Terra Promessa›» von Leone Piccioni in *Vita d'un uomo – Tutte le poesie* [1969], S. 427–464, deutsch in Auszügen im vorliegenden Band S. 201–215), wurde durch Ungarettis sechsjährigen Brasilienaufenthalt (1936–1942), wo er eine Professur für italienische Sprache und Literatur an der Universität von São Paulo innehatte, den Tod seines über alles geliebten neunjährigen Sohnes Antonietto (die schmerzlichste Erfahrung seines Lebens) und die Ereignisse des Zweiten Weltkriegs für Jahre unterbrochen. Eine erste Fassung der «Canzone» erscheint unter dem Titel «Frammenti» im Juli 1948 in der Zeitschrift *Alfabeto*, vorher erscheinen bereits ab 1945 in verschiedenen Zeitschriften die «Cori descrittivi di stati d'animo di Didone» sowie 1947 das «Recitativo di Palinuro» (cf. die nachfolgende Bibliographie).

Ungaretti selbst insistiert in seinem Canzone-Kommentar, d.h. den vier Vorlesungen, die er im Mai 1964 an der Columbia University gehalten hat (cf. *Vita d'un uomo – Tutte le poesie* [1969], S. 546–565, deutsch im vorliegenden Band S. 186–200), auf den Bezügen zwischen dem *Sentimento del Tempo* und der *Terra Promessa*, insbesondere der «Canzone». Er verweist in diesem Zusammenhang vor allem auf drei große Themen des *Sentimento*, welche die «Canzone» entwickelt: das Thema der Morgenröte, das Thema der Sehnsucht nach einer Rückkehr des paradiesischen Zustandes und das Thema des Todes, des Nichts: «Die *Terra Promessa* lag schon gleich nach dem *Sentimento del Tempo* auf dem Webstuhl, sie war die Dichtung eines Menschen, der im Begriff ist, die eigene Jugend zu verlassen und in die reiferen Jahre zu kommen. Doch leider konnte die *Terra Promessa* erst dann weiterverfolgt werden, als dieser Mensch schon ins Alter eingetreten war, d.h. sie wurde in anderer Weise fortgesetzt, als bei ihrer Geburt zunächst vorgesehen war. Sie sollte die Dichtung des Herbstes sein, und statt dessen ist sie die Dichtung des Winters. Das ist ein wichtiger Gesichtspunkt, der festgehalten sein will. Eine vorgegebene Jahreszeit sollte dort dargestellt werden, und statt dessen taucht dort eine andere Jahreszeit auf, die nicht vorhergesehen war. Aber auch meine sechs Jahre währende Reise nach Brasilien war nicht vorhergesehen, nicht vorhergesehen, wenn auch befürchtet und fortbeschworen, war der Zweite Weltkrieg, nicht vorhergesehen waren meine persönlichen Tragödien, die mich, gemeinsam mit der Grausamkeit des Krieges, in die Erfahrung des *Dolore* hinabstürzten.»

La Terra Promessa war ursprünglich von Ungaretti als Melodram mit Personen, Chören, Musik und einem Handlungszusammenhang geplant, so daß es auch aufgeführt hätte werden können. Hauptperson ist Aeneas, der sich nach dem Brand von Troja auf dem Weg nach Italien, der «terra promessa», wo er nach dem Willen der Götter Rom gründen soll, in Karthago in die Königstochter Dido verliebt, sie jedoch nach einigen Monaten auf Geheiß Jupiters wieder verläßt, um seine Mission zu erfüllen. Die verlassene Dido verbrennt sich in ihrer Verzweiflung auf dem Scheiterhaufen. Die Gemütszustände der verlassenen und verzweifelten Dido sind Inhalt der 19 Chöre der Dido, die das Herzstück der *Terra Promessa* bilden. Einige dieser Chöre sind von Luigi Nono vertont worden (*Cori di Didone* aus «La terra promessa» von Giuseppe Ungaretti für Chor und Schlagzeug, entstanden 1958 im Auftrag der Stadt Darmstadt).

«Wenn wir an die Daten der Konzeption dieser Arbeit denken», schreibt Leone Piccioni (*Vita di un poeta – Giuseppe Ungaretti*, Milano [Rizzoli] 1970, S. 171 f.; cf. a. seine Einleitung zu *Per conoscere Ungaretti*, S. 39 f.), kann man wohl sagen, daß Ungaretti hier zum ersten Mal von traditionellen Formen angezogen war. Dann entwickelte seine Poesie sich vor allem in den Chorpartien. Obwohl die Personen Dido, Aeneas, Palinurus und Marcellus, der im Kindesalter verstorbene Sohn des Augustus, sind, ist der eigentliche Protagonist dieses Werks Italien, *Das Verheißene Land*. Die Handlung sollte in Italien mit der Landung des Aeneas beginnen, in Erfüllung seiner Mission, jener Unternehmung, die ihn von jedem Unglück, jeder Härte, jedem Schmerz befreit hat. Der den Göttern gehorsame griechische Held wird ein unwissendes und glückliches, fruchtbares und vor Gesundheit strotzendes Land vorfinden, wie es uns heute (wenn wir es poetisch in so großer zeitlicher Distanz wiedersehen) erscheint, alt geworden durch die so schwere Last bedeutender Jahrhunderte, trotzdem immer noch lebendig, einzigartig schön für verliebte Augen. Hier gibt Ungaretti also dem sagenhaften Mythos eine neue Bedeutung: die Bedeutung der Kolonie, des Sich-Zusammenschließens, der Stadtgründung, des neuen Lebens, das auf der neuen Erde entsteht. Und nach der Landung des Aeneas nun die Chöre: ‹Nachdem Aeneas das verheißene Land berührt hat›, sagt der Dichter, ‹werden sich zwischen den Visionen seines Gedächtnisses, die ihm die Zukunft vorausdeutend darstellen, auch die folgenden Chöre erheben, die Gemütszustände Didos beschreiben.› Und hier das Schicksal Karthagos, die Liebe, das Verlassen, der Scheiterhaufen, der die letzte Illusion der Königin verbrennt.

Es folgt das Rezitativ des Palinurus: ein anderer Schatten, der sich Aeneas' Geist zeigt, sein treuer Steuermann, der vom Sturm getroffen und

von den Wellen gepackt wird während seines Schlafs, am Ruder des Schiffes. [...]
Doch es wird interessant sein zu erfahren, wie diese Teile sich in die Fassung hätten einschmelzen sollen, die Ungaretti als endgültig angesehen hätte.
Dem Prolog [also der «Canzone». M.v.K.-H.] sollte die Landung des Aeneas folgen. Aeneas würde vom Meer aus zu den Flegreischen Feldern gelangen; er würde die Landschaft voller Leben des verheißenen Lands sehen und sie vergleichen mit der, die er in Karthago zurückgelassen hat; er würde Dido anrufen, die, heraufbeschworen, erscheint und stumm verschwindet; er würde die Chöre hören, die an die Liebe erinnern, die aufflammte und ihr Ende fand im Tod, mit dem Verwelken der Schönheit. Dann würde Aeneas das stumme Staunen von sich abschütteln, Palinurus suchen, den Freund, den Getreuen, der an ihn und sein Unternehmen glaubte. Doch er würde ihn nicht finden, schon verschluckt vom Schlaf. Palinurus würde wieder auferstehen, mit der Erzählung seines Todes und der Bedeutung jenes Endes (die Sestine – Rezitativ des Palinurus). Schließlich sollte Aeneas – über die Bezugnahme auf Marcellus, um zu seinem Antonietto zu kommen die toten Kinder heraufbeschwören, alle toten Kinder, um die Qual darzustellen, noch grausamer, Beleidigung der Natur selbst, dessen, der untergeht und verfällt, noch bevor er Erfahrungen machen konnte, tot schon, während er fröhlich und unwissend über den widerhallenden Meeresstrand läuft, staunend über jede neue bunte Muschel. Zu diesem Teil vergleiche man die Notizen in dem Gedicht ‹Di persona morta divenutami cara sentendone parlare›, vollendet und bewegt mit einer Stärke, die an die letzte Zeit des Leopardi des *Bassorilievo* erinnert. Doch man vergleiche auch die Erzählung des Todes seines kleinen Sohnes in ‹Gridasti: Soffoco...›; die ‹trenodìa›, das Klagelied für Marcellus hätte versucht, die Gemessenheit der einen und den herzzerreißenden Schrei der anderen Dichtung miteinander zu verbinden.
Mit dieser Erinnerung hätte das Gedicht des vergänglichen Lebens und des wahren Ruhms geschlossen: angesichts der Hinfälligkeit des Fleisches, die Dido erfahren hat, angesichts des Bewußtseins des vergänglichen Lebens des Geistes (der dennoch das einzige Leben ist), angesichts der naiven Stärke des Aeneas, das Drama dessen, der nicht die Zeit hatte zu wählen. [...]
Hinsichtlich der Musikalität dieses Teils der *Terra Promessa* drängte sich, nach der «Flüssigkeit» des *Sentimento* und dem ganz leisen oder geschrieenen poetischen «Diskurs» des *Dolore*, wo die Stimme gleichsam kurz davor ist, einen Riß zu bekommen und zu brechen, ganz spontan der Bezug zu dem Paar Tasso-Monteverdi auf.»
Das ‹verheißene Land›, die «terra promessa» ist Italien, das Land, das dem aus Troja fliehenden Aeneas verheißen wird, das aber auch für Ungaretti, den Sohn der Wüste, durch die Erzählungen der Mutter zur «terra promessa» jenseits der Wüste wurde. Darüber hinaus ist dieses ‹verheißene Land‹ aber auch jenes «paese innocente», jenes ‹unschuldige Land›, wie es in dem Gedicht «Girovago» aus dem Jahre 1918 (in der *Allegria*, cf. Bd. 1 der vorliegenden Werkausgabe) genannt wird, jenes unerreichbare Land der Unschuld, der Kindheit und Ursprünglichkeit,

nach dem die Seele des Dichters auf der Suche und vielleicht unterwegs ist. Diese Suche des einsamen Mannes nach dem verheißenen und unschuldigen Land der Kindheit ist das Grundthema überhaupt von Ungarettis Lyrik, wobei der zentrale Begriff in Hinblick auf diese Suche nach der «terra promessa» die Erinnerung ist. ‹Erinnerung‹, ‹Gedächtnis›, ‹Gedenken›: dies sind Schlüsselbegriffe in der späten Lyrik Ungarettis. Die Erinnerung ist das lebensspendende Echobild vergangener Zeiten und verstorbener Freunde. In diesem Zusammenhang spielt vor allem im Zyklus *La Terra Promessa* der Mythos wieder eine besondere Rolle: geführt von mythologischen Gestalten wie Aeneas, Dido und Palinurus erfährt der Dichter eine neue metaphysische Welt; biographische Erfahrung bzw., mit Ungarettis Worten, sinnliche Realität und Mythos bzw. geistige Realität gehen eine enge Verbindung ein, wobei das verbindende Element die Erinnerung ist. Auf diese Weise entsteht eine letztlich ideale Realität, die das Leben des Menschen mit all seinen Erwartungen und Ängsten in mythischen Gestalten und Orten widerspiegelt und die nur aus der Erinnerung gewonnen und aus ihr und in ihr zur Sprache kommen kann.

Chronologische Bibliographie zu *La Terra Promessa* (Zeitschriften, Anthologien, Ausgaben)

Concilium Lithographicum 6 (Mai/Juni 1945):
«Frammenti» per La Terra Promessa (≙ Cori I, II)
Campi Elisi 1 (Mai 1946):
La Terra Promessa (≙ Cori I–III)
Inventario I, 3/4 (1946/47):
La Terra Promessa «Frammenti» (≙ Cori I–XII)
Poesia 7 (Juni 1947):
«Recitativo di Palinuro»
Smeraldo 2 (Juli 1947):
La Terra Promessa (≙ Cori XIII–XIX)
Elegia in morte di Ines Fila, Edizioni Fondazione Fila, März 1948:
«A amarti solo nel ricordo» (≙ «Di persona morta divenutami cara sentendone parlare»)
Alfabeto (15.–31. Juli 1948):
«Frammenti (≙ «Canzone»)
La Fiera Letteraria (24. Oktober 1948):
«Variazioni su nulla»
Pagine Nuove II, fascicolo XII (1948):
«Amarti solo nel ricordo» (≙ «Di persona morta divenutami cara sentendone parlare»)
La Fiera Letteraria (30. Januar 1949):
«Coro di Ondine» (≙ «Finale»)
La Rassegna d'Italia IV, 3 (1949):
«Trionfo della Fama» (≙ «Canzone»)
Giuseppe Ungaretti, *La Terra Promessa*, Frammenti, con l'apparato critico delle varianti e uno studio di Leone Piccioni, Milano (Mondadori) 1950

Almanacco del Cartiglio (1953):
«Vattene, sole, lasciami sognare» (≙ «Segreto del poeta»)

La Fiera Letteraria (1. November 1953):
«Giorno per giorno» (≙ Segreto del poeta»)

Giuseppe Ungaretti, *Vie d'un homme*, suivie de *La douleur*, *La Terre promise*, traduit de l'italien et préfacé par Jean Chuzeville, Lausanne (Mermod) 1953

Giuseppe Ungaretti, *Les cinq livres*, texte français établi par l'Auteur et Jean Lescure, Paris (Les Editions de Minuit) 1953, S. 281–296: *La Terre promise*

Giuseppe Ungaretti, *Vita d'un uomo* 5, *Poesie* V *La Terra Promessa*, Frammenti 1935–1953, con l'apparato critico delle varianti e uno studio di Leone Piccioni, Milano (Mondadori) 1954 *(Lo Specchio – I poeti del nostro tempo)*

Giuseppe Ungaretti, *Morte delle Stagioni: La Terra Promessa*, *Il Taccuino del Vecchio*, *Apocalissi*, a cura di Leone Piccioni, con il Commento dell'autore alla *Canzone*, Torino (Fògola) 1967

Giuseppe Ungaretti, *Vita d'un uomo – Tutte le poesie*, a cura di Leone Piccioni, Milano (Mondadori) 1969 *(I Meridiani)*: *La Terra Promessa* S. 239–254; Varianti a cura di Leone Piccioni S. 785–804

Giuseppe Ungaretti, *Vie d'un homme – Poésie 1914–1970*, traduit de l'italien par Philippe Jaccottet, Pierre Jean Jouve, Jean Lescure, André Pieyre de Mandiargues, Francis Ponge et Armand Robin, préface de Philippe Jaccottet, Paris (Editions de Minuit/Gallimard), S. 255–270 (auch als Taschenbuch in der Collection *Poésie* 147, S. 239–255). Übersetzung von Philippe Jaccottet mit Ausnahme des «Récitatif de Palinure» (Jean Lescure)

Giuseppe Ungaretti, *Vita d'un uomo – 106 poesie 1914–1960*, introduzione di Giovanni Raboni, Milano (Mondadori) 1985 (*Gli Oscar Poesia* 9), S. 183–194 (enthält nicht: «Canzone», «Recitativo di Palinuro», «Variazioni su nulla»)

Per conoscere Ungaretti, Antologia delle opere a cura di Leone Piccioni, Milano (Mondadori) 1986 (*Gli Oscar Poesia* 20), S. 163–171 (enthält nicht: «Recitativo di Palinuro», «Finale»; enthält auch Ungarettis Kommentar zur «Canzone», S. 349–365)

CANZONE / LIED
Alfabeto (15.–31.7.1948): «Frammenti»; *La Rassegna d'Italia* IV, 3 (1949): «Trionfo della Fama»; frz. Ü.: J. Lescure, Ph. Jaccottet; dt. Ü.: Herbert Frenzel, in: *Romanische Forschungen* LXV (1954), im Anhang zu seinem Aufsatz «Formen und Ursprünge hermetischer Dichtkunst in Italien», S. 136–167; P. Celan, M. Marschall v. Bieberstein
Die verschiedenen Manuskriptfassungen bezeugen noch weitere Titel: «Aurora», «Dell'Aurora o Trionfo della Fama», «Nemica Gloria», «Prologo».

Giuseppe Ungaretti
Das Verheißene Land[1]

La Terra Promessa wurde 1950 in der Erstausgabe bei Arnoldo Mondadori, Mailand, veröffentlicht.
Das Buch sollte eigentlich, um etwas weniger unvollständig zu erscheinen, auch die *Cori d'Enea* wiedergeben, als deren Entwurf in gewisser Weise *Il Taccuino del Vecchio* und *Gli ultimi cori per la Terra Promessa* angesehen werden können.
Dem erschöpfenden Aufsatz von Leone Piccioni, der das Buch schon 1950 begleitet hat, werde ich einige kurze Vorbemerkungen zu den verschiedenen Teilen des Poems hinzufügen. Sie waren im Juli 1953 anläßlich einer Lesung im Rundfunk aufgezeichnet worden, um den Zuhörern eine Art technische Hilfestellung zu bieten.
Eine erste Idee von der *Terra Promessa* hatte ich, wie man zurecht wieder in Erinnerung gebracht hat,[2] gleich nach der Komposition der «Auguri per il proprio compleanno»,[3] die im *Sentimento del Tempo* nachzulesen sind. In der letzten Strophe dieses Gedichtes heißt es:

Rasche Jugend der Sinne
Die du mich im Unklaren hältst über mich selbst
Und die Bilder dem Ewigen gewährst,

Verlaß mich nicht, bleibe, Leiden!

Noch 1942, als Mondadori mein ganzes Werk zu veröffentlichen begann, wurde *La Terra Promessa* in den Verlagsprospekten unter dem Namen *Penultima Stagione* (‹Vorletzte Jahreszeit›) angekündigt. Es war der Herbst, den ich in meinem Gedicht besingen wollte, ein vorgerückter Herbst, von welchem sich das letzte Zeichen von Jugend, von irdischer Jugend, die letzte Fleischeslust für immer verabschieden sollten.

1 In: Giuseppe Ungaretti, *Vita d'un uomo – Tutte le poesie* (1969), S. 545 bis 565.
2 Cf. den Aufsatz von Leone Piccioni «Le origini della ‹Terra Promessa›» («Die Ursprünge der ‹Terra Promessa›»), im vorl. Bd. S. 201–216. [Anm. d. Ü.]
3 Cf. Bd. 2, S. 172f. und im vorl. Bd. S. 202, Anm. 2. [Anm. d. Ü.]

Canzone

Die «Canzone», die das unvollendete Poem rechtfertigt, nimmt ihren Ausgang vom oben erwähnten Scheiden des Herbstes, der sich vom allerletzten Zeichen der Jugend trennt, und bietet als erstes strophisches Moment ein überaus langsames, fast unmerkliches Sich-Auflösen, einen überaus langsamen Gedächtnisschwund in luzider Trunkenheit. Dann ist sie das Wiedergeboren-Werden zu einem anderen Grad von Wirklichkeit: sie ist das Geboren-Werden der Wirklichkeit zweiten Grades durch Wiedererinnerung, das Überschreiten der Schwelle einer anderen Erfahrung (wenn alle sinnliche Erfahrung ausgeschöpft ist), das Vordringen in die neue Erfahrung, die illusorischer- und nicht-illusorischerweise ursprünglich ist – das Sich-bewußt-Werden als Sein aus dem Nicht-Sein, Sein aus dem Nichts: die Pascalsche Selbsterkenntnis des Seins aus dem Nichts. Schauderhafte Erkenntnis. Ihre Odysse hat immer die Vergangenheit als Ausgangspunkt, immer kehrt sie, sich zu vollenden, in die Vergangenheit zurück, immer nimmt sie von derselben geistigen Morgenröte erneut ihren Ausgang, immer schließt sich der Kreis erneut in derselben Morgenröte des Geistes.
Die «Canzone» hat sich, sagte ich, geformt infolge einer Übertragung der Inspirationsmotive aus der Sphäre der Wirklichkeit der Sinne in die Sphäre der intelligiblen Wirklichkeit. Nicht daß es, um die Wahrheit zu sagen, zwischen der einen und der anderen Sphäre eine Wand gäbe, die nicht fließend wäre, und daß die eine und die andere Sphäre einander nicht durchdrängen. Zu einem besonderen Zeitpunkt der eigenen Existenz kann man durchaus die Empfindung gehabt haben, daß die geistige Aktivität in einem selbst jegliche andere ausschlösse: die Altersgrenze ist eine Grenze. Und doch wiederum keine Grenze, denn man macht keine Dichtung ohne Zutun der Sinne, und schon gar nicht eine Dichtung von solch strikter und unendlich musikalischer Qualität wie diejenige es zu sein beansprucht, die zu lesen Sie nun das Vergnügen haben werden.
An der Columbia University, wo ich im Mai 1964 als Gastprofessor eingeladen war, habe ich dann vier Vorlesungen über die «Canzone» gehalten, die ich im folgenden wiedergebe:

Erste Vorlesung

Sie haben dieser Tage eine Lesung meiner Gedichte gehört. Vermutlich sind Sie sich im Geiste noch nicht klar darüber, wie die Entwicklung meiner Dichtung vor sich gegangen ist. Der erste Band erscheint 1916, während des 1914 begonnenen Krieges, und nennt sich *Il Porto Sepolto*. 1919 erscheinen dann zusammen mit den 1916 veröffentlichten noch weitere Gedichte, alle nach 1916 auf dem Schauplatz des Krieges geschrieben; desgleichen meine ältesten Gedichte, die fast alle vorher schon in «Lacerba» veröffentlicht worden waren. Damals wie heute war ich der Auffassung, daß auch meine ersten Gedichte es verdient hätten, ein wenig dauerhafter zu werden, als es die Kurzlebigkeit literarischer Zeitschriften zuläßt. De Robertis hat mit liebevoller Sorgfalt den Apparat der Varianten all meiner Gedichte bis zum *Sentimento del Tempo* herausgegeben. Will sagen, daß jedes Gedicht mich eine Unmenge an Veränderungen gekostet hat, die natürlich nicht von De Robertis oder von den Literatur-

wissenschaftlern, welche die Varianten meiner Gedichte nach dem *Sentimento del Tempo* festgehalten haben, registriert worden sind, sofern sie nicht in Zeitschriften oder Büchern ausfindig zu machen waren. Unzählige Varianten wären dagegen in den Handschriften aufbewahrt worden, wenn ich nicht die abscheuliche Angewohnheit hätte, sie alle nach und nach beim Anfertigen der Reinschrift zu vernichten.
Seinem Apparat der Varianten hat De Robertis Gedichte vorangestellt, die ich ausgesondert hatte, und solche, die in «Lacerba» und anderen Zeitschriften veröffentlicht worden waren. In seiner Einleitung zu diesem Band mutmaßt De Robertis, meine erste Begegnung mit anderen Dichtern sei die mit den Crepuscolari gewesen. Das stimmt nicht. Setzt man sich mit den Gedichten auseinander, die dem Apparat von De Robertis vorangestellt sind, oder auch mit denen, die dem *Porto Sepolto* vorausgehen, dann wird man auf zwei widersprüchliche französische Einflüsse aufmerksam: den von Laforgue und den von Mallarmé – ganz recht, Mallarmé. Einflüsse, die auf die Tatsache meiner französischen Erziehung zurückzuführen sind. Wenn man sich mit der Literatur jener Zeit beschäftigt, so wird man bemerken, daß Laforgue großen Einfluß auf die Dichter ausgeübt hat: auf T.S.Eliot und Pound, und selbst auf Apollinaire; und, bei uns, auf Corazzini und Palazzeschi. Laforgue hatte also auch großen Einfluß auf die Crepuscolari. Es handelt sich daher in meinem Fall nicht um eine Herkunft von den Crepuscolari, noch bevor ich meinen eigenen Ausdruck gefunden hätte, der dann weder derjenige von Laforgue noch der von anderen sein sollte. Daß ich in meiner ersten Schaffenszeit von den Crepuscolari hergekommen sei, ist ein Versehen von De Robertis, der ein scharfsinniger, überaus empfindsamer und gelehrter Literaturwissenschaftler ist, der jedoch in jenem Augenblick nicht an die französische Dichtung gedacht hatte. Hätte er sich damals an sie erinnert, dann hätte er besser daran getan, einen mir und den Crepuscolari gemeinsamen Stammvater vorzuschlagen.
Il Porto Sepolto dagegen ist ein im Krieg zur Welt gekommenes Buch, in welchem sich mir eine Sprachlichkeit offenbart und der Ausdruck von einer unmittelbaren Wirklichkeit diktiert wird, die in ihrer Präsenz und Tragik alles ausschöpfte. Die Natur wird ganz krude so dargestellt, wie sie ist; das Verhältnis zwischen Mensch und Natur ist in all seiner Kruditát und Schrecklichkeit gegeben, und die Worte sind naturgemäß lakonische Worte, die Sprache ist naturgemäß lakonisch, denn unter den gegebenen Umständen konnte die Sprache nur eben die Zeit aufbringen, die Wirklichkeit in so essentieller Form auszudrücken, wie ich es versuchte. Eine andere Weise gab es nicht; es war nicht die Zeit, lange herumzudeuteln. Tatsächlich haben diejenigen Dichter, die sich seinerzeit literarisch betätigten, eine Dichtung von einer Authentizität verfaßt, an die damals keiner geglaubt hat, auch wenn sie einen großen Namen hatten.
Im *Sentimento del Tempo* gehen wir von einer unmittelbaren Wirklichkeit über zu einer Natur, deren Präsenz von ihrer historischen Bedeutung her Geltung erlangt, einer Natur also, die mit den Emotionen des Dichters zusammentrifft, gleichzeitig aber mythischen Charakter annimmt. Der *Sentimento del Tempo* beinhaltet drei oder vier unterschiedliche Er-

fahrungen, diktiert von den jeweiligen historischen Umständen und den diversen Notwendigkeiten des Ausdrucks. Wir wollen uns nun beispielhaft einem der damaligen Gedichte zuwenden, nämlich «Dove la luce» von 1930.

Liest man die Gedichte, die aus jener Schaffensperiode stammen, wird man aufmerksam werden auf die mythische Bedeutung, die ich der Natur zuschreibe. Diese mythische Bedeutung nimmt den Charakter metaphysischer Reflexion an; sie nimmt bereits vorweg, sieht bereits vorher, was zu einer künftigen, direkt nach dem *Sentimento* begonnenen Arbeit werden sollte und sich über lange Jahre fortgesetzt hat, um dann unterbrochen und wiederaufgenommen und erst viel später zu Ende geführt zu werden. 1950 gab ich jene Fragmente schließlich unter dem Titel *La Terra Promessa* in Druck.

La Terra Promessa ist ein überaus langsam geschriebenes Buch, da es ständig – auch von anderer Dichtung wie der des *Dolore* – unterbrochen wurde. Damals ereignete sich eine weltweite Tragödie, und meine eigene, meine ureigensten Gefühle betreffende Tragödie kam noch hinzu, und so hatte die Suche nach reiner Dichtung naturgemäß den Ängsten und Qualen jener Jahre zu weichen. Von daher ist das 1950 veröffentlichte Werk ein fragmentarisches geblieben; die Veröffentlichung eines vollständigen, organischen Werkes wird vielleicht niemals statthaben. In ihrer Gemeinsamkeit können diese Fragmente jedoch eine Vorstellung von dem vermitteln, was die Intention des Autors gewesen war und was zu erreichen ihm nicht gelungen ist: noch kein Dichter hat es jemals fertiggebracht, genau das zu machen, was er zu machen bestrebt war.

Ich habe die Arbeit an der Komposition der *Terra Promessa* 1932 aufgenommen, als ich die «Canzone» zu schreiben begann. Wenn Sie «Dove la luce» oder andere Gedichte des *Sentimento* damit vergleichen, die sich im Zeitraum zwischen 1925 und 1933 (also bis zum Augenblick der Veröffentlichung des *Sentimento*, in der darauffolgenden Ausgabe sogar bis ins Jahr 1936) bewegen, dann werden Sie bemerken, daß ich schon früher eine Vorstellung von der «Canzone» hatte; oder zumindest war dieselbe Art von Naturverständnis schon in einer gewissen Anzahl von Gedichten, die zum *Sentimento del tempo* gehören, angelegt. Naturgemäß gibt es da einen Unterschied. Hier, in der *Terra Promessa*, sucht die Natur sich unter Beibehaltung ihres mythischen Charakters zu verwandeln, um zum Motiv metaphysischer Reflexion zu werden über die Bedingtheit des Menschen im Universum, über das, wozu er sich im tiefsten Innern hingezogen fühlt, über seine Substanz eines universalen Wesens und über sein beständiges Scheitern, das sich jeden Tag mit einem gleichen Tod und einer gleichen Morgenröte erneuert. Wie Sie sehen, nimmt immer alles seinen Ausgang von etwas, das in der Natur liegt und ein von ihr vor aller Augen ausgebreitetes Schauspiel ist: das Schauspiel, das sich in den vierundzwanzig Stunden eines jeden Tages oder im Zyklus der Jahreszeiten abspielt. Alles nimmt seinen Ausgang von etwas sehr Realem, und dieses sehr reale Etwas gibt dem Dichter die Symbole vor, welche ihm dazu dienen werden, Dinge auszudrücken, die ihm dringlich sind; Symbole, die ihm helfen werden, auf Fragestellungen zu antworten, die er mithilfe der Logik nicht beantworten kann: und dabei wäre eine logische Antwort für ihn die

Lösung – wenn es sie geben könnte. Der Sinn der «Canzone» ist also keinesfalls schwierig, er ist vielmehr einfach, ein einfacher Sinn.
In Leopardis «Tramonto della luna» gibt es einen Zeitpunkt, wo überhaupt kein Licht mehr da ist: wo es von Stund an kein Sonnenlicht mehr gibt, das noch nicht herangekommen noch vorangekündigt ist, und auch kein Mondlicht mehr, da der Mond schon untergegangen ist; und jener Augenblick bringt es mit sich, daß selbst die Sterne nicht mehr zu sehen sind. Eine vollständig dunkle, leere Welt. Es ist ein Augenblick des Schweigens, apokalyptisch, das Ende von allem, des realen Endes von allem, es ist das Nichts und nichts als nur der Augenblick, in dem Tag und Nacht verschwunden scheinen, und nichts als ein einfacher Moment der Unterbrechung und des Erwartens. Absolute Nacht und absoluter Tag, Tag des Mittags-Dämons in der «Primavera»: sollten sie nichts als optische Täuschungen sein? Und wird das, was man im Licht des Tages oder im Schein der Nacht entdeckt, immer nur optische Täuschung bleiben? Wie die Wirklichkeit fühlen – nicht die vergängliche: jene, welche über die wandelbare Kenntnis der Materie und die Lichteffekte hinausgeht? Wie wird der Mensch als solcher (in seinen zeitlich-räumlichen Grenzen eines irdisch-endlichen Wesens), sofern er sich der Vorstellungen bedient, die jene Grenzen ihm vorgeben, mit einem Mal Gefühl und Idee des Ewigen erahnen können?

Zweite Vorlesung

Wenn Sie sich den *Sentimento del Tempo* vornehmen, werden Sie dort auf drei grundlegende Themen stoßen (grundlegend zumindest für weite Teile des Buches, denn es gibt darin auch Gedichte wie « La Pietà», in das sich offenkundig eine überwiegend andere Erfahrung mischt): das Thema der Morgenröte – eine unparadiesische Morgenröte von unvollkommenem Glück, gewissermaßen von der Geschichte kontaminiert; das Thema der Sehnsucht nach einer Rückkehr des paradiesischen Zustandes und das Thema des Todes, des Nichts.
Nun, die «Canzone» der *Terra Promessa* entwickelt genau die gleichen Themen, die folglich schon viele Jahre alt waren. Die *Terra Promessa* lag schon gleich nach dem *Sentimento del Tempo* auf dem Webstuhl, sie war die Dichtung eines Menschen, der im Begriff ist, die eigene Jugend zu verlassen und in die reiferen Jahre zu kommen. Doch leider konnte die *Terra Promessa* erst dann weiterverfolgt werden, als dieser Mensch schon ins Alter eingetreten war, d.h. sie wurde in anderer Weise fortgesetzt, als es bei ihrer Geburt zunächst vorgesehen war. Sie sollte die Dichtung des Herbstes sein, und statt dessen ist sie die Dichtung des Winters. Das ist ein wichtiger Gesichtspunkt, der festgehalten sein will. Eine vorgegebene Jahreszeit sollte dort dargestellt werden, und statt dessen taucht dort eine andere Jahreszeit auf, die nicht vorhergesehen war. Aber auch meine sechs Jahre währende Reise nach Brasilien war nicht vorhergesehen; und ebenso unvorhergesehen, wenn auch befürchtet und fortbeschworen, war der Zweite Weltkrieg, nicht vorhergesehen waren die persönlichen Tragödien, die mich, gemeinsam mit der Grausamkeit des Krieges, in die Erfahrung des *Dolore* hinabstürzten.
Wie gesagt sind alle Themen der «Canzone» (hier jedoch, naturgemäß, in verschärfter Form) schon im *Sentimento del Tempo* präsent. In «O Notte» bei-

spielsweise wird von einer *alberatura*[4] gesprochen, welche die *arborescenze* der «Canzone» in Erinnerung ruft; und darüber hinaus gibt es dort sinngemäß auch die Wüste, das Nichts und die Geburt der Morgenröte – das Thema der Geburt des Tages, wenn sich die Dinge in Kontrasten zu entschleiern beginnen, die dann vom Dichter zu Hilfe gerufen werden, um kontrastierende Gemütsstimmungen und eine Dialektik der Reflexion zur Darstellung zu bringen.

In «Alla noia» («Ruhe, als *wieder auftauchte* in einer Intrige...») haben wir die Sehnsucht, all die Mauern überwinden zu können, die uns vom «ersten Bild», vom Bild der paradiesischen Reinheit trennen. Und dasselbe Thema haben wir, weiter vertieft, versteht sich, in «Sirene» und in «Ricordo d'Affrica» wiederaufgegriffen[5]. Alles in allem: da ist das Gefühl des Nichts, aus welchem eine kontaminierte Morgenröte geboren wird (kontaminiert, weil es all diese Mauern gibt, die uns vom Hingezogen sein zu einer reinen Morgenröte trennen): da sind all diese Mauern, die sich zwischen uns und die absolute Erkenntnis schieben, die kontinuierlich anwachsen, in dem Maße, wie sich die fortschreitende Zivilisation nach und nach von der Natur entfernt, und die uns kontinuierlich immer weiter von der reinen Wirklichkeit trennen; kurz, es gibt da diese Art von Blindheit in unserem Geist, die uns nur eine teilweise Erkenntnis der Wirklichkeit erlangen läßt, die weniger wahre. «Inno alla Morte»[6] beschreibt das Erreichen des Nichts, eines Nichts, versteht sich, nach Maßgabe der menschlichen Wahrnehmungsfähigkeit. Leopardis «Tramonto della Luna» beispielsweise vermittelt uns einen Sinn für das Nichts, wenn es uns jenen Moment aufzeigt, der die Dauer eines Augenblicks hat: Nichts, in welchem es kein Licht mehr gibt, weil der Mond eben gerade untergegangen ist, weil man keine Sterne sieht, und weil die Sonne noch nicht da ist. Dann geht die Sonne auf, und wenn die Sonne aufgeht, ist sie von erstaunlicher Schönheit, aber sie ist nicht rein bei ihrem Aufgang; sie enthüllt keine reine Welt, sondern eine Welt, die in sich Zeichen des Verfalls aufweist: der langen Pein, welche die Geschichte ist, und all der Schwierigkeiten, die, in der Abfolge der Jahrhunderte, vom Sich-Bewegen der Geschichte in unserem Sein verwoben werden.

Wie Sie sehen, sind dies Themen und Momente, die in der «Canzone» wiederaufgenommen worden sind. Das gleiche ließe sich von anderen lyrischen Gedichten wie «Leda», «Eco», «Sogno», «Primo amore», «Dove la luce», «Caino», «La morte meditata» sagen.

Sie merken, daß wir uns mit dem immer gleichen Problem des *Sentimento* konfrontiert sehen: eine mythische Wirklichkeit aufsteigen zu lassen, eine Wirklichkeit, welche die Sprache durch die Tiefgründigkeit des Gedächtnisses verwandeln soll oder, wenn Sie so wollen, durch die Tiefgründigkeit von Geschichte.

4 Cf. S. 193, unten und Bd. 2, S. 10, V. 1f.: «Dall'ampia ansia dell'alba / svelata alberatura.»; zur Datierung des Gedichtes cf. ebd., S. 300. [Anm. d. Ü.]

5 Cf. ebd., S. 22f. («Alla noia») und 24ff. («Sirene», «Ricordo d'Affrica»). [Anm. d. Ü.]

6 Cf. ebd., S. 38f.. [Anm. d. Ü.]

Wenden wir uns nun der «Canzone» zu. Sie beginnt folgendermaßen:

> *Nackt, die Arme von Geheimnis satt,*
> *Schwimmend haben sie aufgerollt des Lethe Grund,*
> *Sacht aufgelöst die ungestümen Grazien*
> *Und alle Müdigkeit woher Licht war die Welt.*
> (Vv. 1–4)

Was das ist? Ein Zustand des Vernichtet-Werdens, stellen Sie sich die Nacht vor, wie sie in dem Moment, als der Mond untergegangen ist, in Leopardis letztem Gedicht beschrieben wird. Dann – dem Dichter schwebt immer Schönheit vor Augen – und stellen Sie sich, um sich jenen Moment zu vergegenwärtigen, strahlend schöne Mädchen vor, die Arme haben, nackt, wie in einem Larven-Gewässer, hingewandt zum letzten Nichts, satt von Geheimnissen haben sie die Arme und wollen und können nichts mehr wissen von einem Mysterium des Lebens in seinem tagtäglichen Treiben, und beim Schwimmen lernen sie, sich die Geheimnisse des Todes zu enthüllen, und lösen ihre ungestümen Grazien in diesem Sich-Aufrollen des Lethegrundes auf – die Grazien, um derentwillen sie in der Welt so attraktiv waren –, und lösen auch alle Müdigkeit auf, Grazien des Abends, die nicht weniger Anziehungskraft dabei besaßen, Licht zu machen aus der Welt, als die Grazien des Mittags.
Diese Strophe deutet also an, wie der Mensch in einem bestimmten Moment einen Sinn für das Absolute des Todes haben kann. Einfach, nicht? Es ist nicht schwierig!
Dann wird, anstelle dieses Nichts, der Tag wiederkehren; unterdessen allerdings ist da das Nichts.

> *Nichts ist stummer als die fremde Straße*
> *Wo Blatt nicht sprießt noch fällt noch überwintert,*
> *Wo kein Ding sich quält noch wohlgefällt,*
> *Wo das Wachen nie, nie der Schlaf abwechselt.*
> (Vv. 5–8)

Eine Straße, nicht sichtbar, noch sinnlich erfahrbar; eine fremde Straße, wo kein Wort existiert, wo keine Zeichen existieren, die jene Straße identifizierbar machen könnten: es ist das Nichts, wo es keinerlei Leben gibt, keine Jahreszeiten, nicht einmal Leiden, keinen Wechsel zwischen Freude, Wachen, Schlaf.

Dritte Vorlesung

Bei der Komposition von «Rivedo la tua bocca lenta ...»[7] geschieht es, oder nur wenig später, daß mir die ersten Ideen zur *Terra Promessa* und zur «Canzone» in den Sinn kamen. Es sollte dies jene sinnliche Erfahrung sein, der ich eine andere, anders strukturierte Erfahrung gegenüberstelle, die jedoch naturgemäß ebenfalls, wie jede menschliche Erfahrung, in fataler Weise

7 «Wieder sehe ich deinen trägen Mund ...», V. 1 von «Canto» cf. Bd. 2, S. 164f.. [Anm. d. Ü.]

vermischt ist mit einer Sinneserfahrung, und zwar selbst dann, wenn man glaubt, aufgrund der Unbilden, die das Alter mit sich bringt, davon befreit zu sein. Wir werden nun sehen, daß es hier in der «Canzone» um die Morgenröte geht, um eine Morgenröte allerdings, die sich von meinen vorhergehenden insofern unterscheidet, als diese hauptsächlich von der sinnlichen Erfahrung angeregt worden waren, wogegen die Morgenröten nun eher dazu neigen, sich von der Reflexion anregen zu lassen, d.h. von einer mit mehr mentaler Rigorosität reflektierten Welt. Was sind nun diese «nackten» Arme? Sie sind das Instrument der Umschlingung und der Arbeit, sie bringen die heilige und physische Eigenart des Menschen zum Ausdruck – und natürlich ist das Seelenleben, das sie einer derartigen Konditionierung entsprechend formt, ihr Geheimnis. Diese «nackten» Arme sind Arme, die von Stund an von allen Geheimnissen befreit sind: die Geheimnisse kleiden und durchtränken sie nicht mehr, sie haben sie verlassen, weil sie «satt» davon waren, von nun an unfähig, Geheimnisse zu haben und weiterhin welche aufzunehmen. Schon ist der Zeitpunkt völligen Vergessens gekommen.
In der dritten, aus einer Einheit von zwei Vierzeilern gebildeten Strophe wird die Geburt der neuen Morgenröte beschrieben, jener Morgenröte, die, bis zu einem gewissen Punkt natürlich, zu einem fast vollständig mentalen Moment der Erfahrung gehört.

Alles trat dann hervor, in Transparenzen,
In der leichtgläubigen Stunde, als, müde
Die Ruhe, von ausgegrabenen Arboreszenzen
Wieder ausgebreitet der Ziele Maß,
Sich in Iriden auslöschend Echos, Liebe
Vom luftigen Kieselgrund überrascht auffuhr
Rosig das Dunkel machend und, in jener Farbe,
Mehr als jedes Leben einen Bogen, den Schlaf gespannt.
(Vv. 9–16)

Die Geburt einer Morgenröte also, wie man sie alle Tage betrachten kann, wenn man Lust hat, früh aufzustehen. Sie ist von symbolischer Bedeutung, aber noch vor aller symbolischen Gültigkeit liegt der physische, sinnliche Aspekt der Erscheinung. Die Welt wird wiedergeboren und tritt hervor in Transparenzen; sie kehrt, sich gleichsam aus dem Innern von Kristallsplittern zu zeigen, wieder. Warum ist die Stunde leichtgläubig? Weil sie eine arglose Stunde ist, eine, die überraschend und überrascht ist: überrascht, sich wiedergeboren zu finden.
«Müde Ruhe»: auf welche Ruhe beziehen wir uns hier? Auf die Ruhe, die in den beiden vorhergehenden Vierzeilern beschrieben ist, in welchen man das Leben verschwinden, das Nichts das Leben ersetzen sah. Diese Ruhe ist es also müde, Ruhe zu sein, Nichts zu sein.
«Ausgegrabene Arboreszenzen»: Ein Bild, das schon im Gedicht «O Notte» auftaucht, welches den *Sentimento del Tempo* eröffnet: «Aus dämmerndem Tag angstfahl weit / entschleiertes Mastwerk»[8]; ein Gedicht von

8 Cf. Anm. 4. [Anm. d. Ü.]

1919. Die Bäume lagen in demselben Vernichtungswerk begraben, in dem Tag und Nacht verschwunden waren. Die Arboreszenzen sind noch immer keine Bäume, auch nicht die Symbole der Bäume; es sind larvenhafte Formen, noch immer larvenhaft, zwischen Grab und Wiederauferstehung.
«Wieder ausgebreitet der Ziele Maß»: Diese Ziele, was sind sie? Vorgesteckte Punkte, die es zu erreichen gilt. Zuerst waren die Ziele nicht in Erscheinung getreten, weil man ganz vom Sinnesleben in Anspruch genommen war, und nun erscheinen sie erneut, breiten sich wieder aus, weil eine intellektuelle Perzeption vorrangig wird und aus der Morgenröte ein Symbol macht. Nach und nach, bei wachsendem Licht, nehmen die Distanzen zu, und das Maß, das uns den Zielen entgegenbringt, die sich kontinuierlich entfernen, vergrößert sich. Die Ziele werden niemals eingeholt werden; wir aber fühlen, daß sie da sind und daß wir sie vielleicht erreichen könnten; und bei wachsendem, raumausdehnendem Licht beginnen wir diese Ziele zu perzipieren, wenngleich es sich um einen noch immer verschwommenen Raum handelt, wo die Bäume noch Arboreszenzen sind, Spektren, und wo vielleicht auch alles sonstige noch larvenhaft ist.
«Sich in Iriden auslöschend Echos»: Ich bin im Krieg gewesen, wo Agonie und Tod kontinuierlich gegenwärtig waren, und über viele Tage hinweg, die schließlich zu Jahren wurden, bin ich Zeuge diverser Tagesanbrüche und diverser Morgenröten gewesen: die Geburt des Tages ist in ihrer Stille voll von Stimmen, von Stimmen, die Echos von Stimmen zu sein scheinen, keine direkt verlautbarten Stimmen, sondern solche, die als Übermittler auf uns kommen, *matte* Stimmen, wie Dante sagt[9].
Die Kenntnis, die der Dichter von der ideellen Wirklichkeit hat, kann er einzig und allein vermittelt über Echos bekommen, nicht direkt, denn wir erkennen die Wirklichkeit nur vermittelt. Wir kennen, bis zu einem gewissen Punkt zumindest, die materielle Wirklichkeit, die *wahre* Wirklichkeit dagegen kennen wir, wenn überhaupt, nur vermittelt über Echos, wie sie uns bei der Geburt des Tages in sinnlich erfahrbarer Weise symbolisiert werden. «Sich in Iriden auslöschend Echos» will sagen: während sich die Echos in irisierenden Tönen aufhoben. Ich gehe also per Analogie von einer auditiven zu einer visuellen Vorstellung über. Wer schon einmal die Stunde der Morgendämmerung miterlebt hat, weiß, daß sie voll von schillernden Tönen ist, wie beim Regenbogen, bei der Iris, wo die Farben eine mit der andern wie zu Perlmutt, zu Perlenschimmer, verschmelzen. Eine Stunde, die nicht klar ist: die Morgenröte ist niemals klar. Auch im ersten Gesang des *Inferno*, wo Dante die Geburt des Tages schaut, ist die Stunde niemals klar: Von einem Zustand der Dunkelheit geht man zu einem weniger verworrenen Zustand über, und doch sind die Dinge noch in einem Zustand der Verschwommenheit.
«Liebe / Vom luftigen Kieselgrund...». Es gibt keine sinnliche Liebe mehr, aber es gibt eine andere Liebe; die Liebe gibt es immer. Und der «Kieselgrund», was ist das? Es sind jene Steine, nicht, die auf dem Grund der Flüsse liegen, auf dem Grund des Lethe also. Aus jenem Fluß-Kiesel-

9 Cf. *Divina Commedia*, *Inf.* I, 63. [Anm. d. Ü.]

grund, der das Bett des Lethe war, wird die Liebe wiedergeboren. Es schien so, als wäre alles zuende, als gäbe es nichts mehr, außer dem Nichts, als wäre es das Bett des Nichts – und statt dessen wird die Liebe wiedergeboren, geht die Liebe wieder auf.
«Rosig das Dunkel machend...». Die Morgenröte nimmt hier ihre ursprüngliche Farbe an, macht die Wirklichkeit rosig, verwandelt das Dunkel, das Nichts, in rosiges Versprechen. Halten Sie sich immer das vor Ihren Augen präsent, was auch ich mir immer vor Augen gehalten habe: den Anblick der Wechselfälle der Natur, wie sie sich den Augen auf natürliche Art zu präsentieren pflegen. Die Natur hat heute eine andere Form angenommen, und sie ist dabei, sich von seiten des Menschen dermaßen umzugestalten, daß die Jahre vermutlich gezählt sind, in denen der Mensch noch die Muße haben wird, sich an derartigen Schauspielen in der Form zu ergötzen, wie wir es tun; heute jedoch lassen sie sich noch auf bequeme Weise erleben: man kann sich an einen einsamen Platz zurückziehen, um die Geburt der Sonne in jeder ihrer kleinsten Phasen zu beobachten, und man kann auch den Tag und die Nacht zu jener Stunde sterben sehen, die Leopardi im «Tramonto della Luna» entdeckt.

> *Beute der untastbaren Fortpflanzung*
> *Von Mauern, ewig der Minuten Erben,*
> *Immer mehr schließt sie, das erste Bild, uns aus,*
> *Doch, in Blitzen, bricht sie das Eis und erobert wieder.*
> (Vv. 17–20)

Jede Minute, die vergeht, entfernt uns immer mehr von der Erkenntnis unserer wahren Wirklichkeit. Das erste Bild, jenes Bild, das ein Mensch von vollkommener Natur gekannt haben mag, das, was das vollkommene Bild war, entfernt sich immer mehr, abgetrennt von uns, uns immer mehr daran hindernd, es kennenzulernen; doch, in Blitzen – durch rasend schnelle, blitzartige Intuition –, ist «das Eis gebrochen», und in irgendeiner Weise informiert uns das erste Bild von sich und erlaubt uns, in irgendeiner Form Unschuld zurückzuerobern, in irgendeiner Form Kenntnis vom Stand der Reinheit zu erlangen. Die Augenblicke, in welchen der Dichter Dichter sein kann, sind, auf den Punkt gebracht, die, in denen das «erste Bild» «das Eis bricht», das sich aus der unendlichen Anzahl von Mauern zusammensetzt, die uns eine nach der anderen die Minuten als Erbe hinterlassen – untastbare Mauern (die sich nicht berühren lassen) und doch eine nach der anderen präsent; und je mehr die Minuten vorübergehen, um so mehr hinterlassen sie dem armen Menschen «Mauern» als Erbe.
«Die besitzergreifende Vorstellung»: es ist die Reinheit, zu welcher der Mensch strebt, jenseits aller Mauern, die ihn vom ersten Bild trennen.

> *Je mehr sie, die besitzergreifende Vorstellung, wahr fliehen*
> *Und schön sein mag, berührt sie mehr, nackt, Ruhe*
> *Und, Keim, kaum schlichte Idee, von Zorn,*
> *Erbebt sie, dem Nichts zuwider, in kurzer Hülle.*
> (Vv. 21–24)

Die Vorstellung wird so, durch Entdeckung des Geistes, eine Wirklichkeit, eine Idee, eine Form, welche Körperform annimmt, eine degradierte Form («kurze Hülle»), eine Form, die eine kurze Last benötigte, die aber von unseren Sinnen wahrgenommen werden kann, weil sie, sich herabstufend, körperlich geworden ist. Je mehr sie flieht, die Vorstellung, je weiter weg wir sie empfinden, um so mehr fühlen wir, daß sie schön ist, um so mehr, daß sie, «nackt, Ruhe berührt». Die Ruhe jenes Augenblicks ist ein Bild davon: die von der Landschaft jener Stunde, in welcher die Natur sich enthüllt, wiedererlangte Ruhe, die von den Dingen nun im ersten frühen Licht des Morgens wiedererlangte Ruhe. Je mehr sie uns flieht, um so schöner ist sie, um so mehr wird sie uns zum Bild, Symbol absoluter Form von Ruhe («berührt, nackt, Ruhe») und Same («Keim»), aus dem die menschlichen Bilder geboren werden, sich entfesseln werden. Kaum enthüllt sie sich so, wie eine schlichte Idee, wird sie rasend – «erzürnt» darüber, sich auf irgendeine Weise in jenem Blitz enthüllt zu haben, und manifestiert sich also als das, was sie, in Wirklichkeit, in ihrem «Zorn» «dem Nichts zuwider» ist: die aktive, rasende Feindin des Nichts.
In einem flüchtigen Moment, rasch, für einen inständigen Augenblick haben wir die Intuition einer höchsten Form, der Idee absoluter Reinheit, zu der wir hinstreben und die dem Nichts zuwiderläuft, weil sie seine Existenz nicht zulassen kann. Tatsächlich kann es nicht sein, daß es das Nichts gibt: das Nichts ist einfach eine Ausgeburt unserer Phantasie, das Nichts existiert nicht. Und also war das Nichts, von dem wir eine Idee zu haben glaubten, nichts als eine optische Täuschung. In Wirklichkeit gab es das Nichts nicht. Das, worauf all unsere Erkenntnisbemühungen abzielen, ist nicht das Nichts, sondern eine reine Form, die dem Nichts zuwiderläuft. Die «Form», zu der hin wir unserer Natur gemäß tendieren, ist das Bild unserer Reinheit, die in unseren Visionen flüchtig wiederkehrt, zu «erbeben in kurzer Hülle, zorniger Keim».

Vierte Vorlesung

Wie ich Ihnen sagte, ist die «Canzone» (wie im übrigen alle meine anderen Gedichte auch) ein Gedicht, dessen Bildlichkeit immer auf die Natur anspielt. Hier ist das zentrale Bild, das von Kopf bis Fuß in Anspruch genommen wird, das Denken des Dichters zu reflektieren, die Morgenröte.
Von Anfang an haben wir das Gefühl des Nichts, das möglicherweise von jenem Augenblick herrührt, welcher der Morgenröte voraufgeht und in dem man, ist der Mond untergegangen und sind die Sterne nicht mehr gegenwärtig, einen Sinn für das absolute Dunkel bekommt. Danach haben wir die Geburt der Morgenröte in minutiösen Beschreibungen – die ersten Farbnuancen des Himmels und dann die Echos, weil jener Augenblick des Tages voll von Stimmen ist, die sehr, sehr weit entfernte Stimmen zu wiederholen scheinen. Wer derartige Naturschauspiele schon erlebt hat, weiß das. Wir haben schon darauf hingewiesen, daß «das erste Bild», von dem in der Strophe, die mit dem Vers «Beute der untastbaren Fortpflanzung» beginnt, gesprochen wird, die «erste» Morgenröte ist. Nur daß sie ein «erstes Bild» ist, das uns in seiner Reinheit und in seiner Unversehrtheit nicht mehr ersichtlich sein kann, weil es gegenüber diesem

«ersten Bild» die unendliche «Fortpflanzung von Mauern» gibt, welche die Zeit vor das «erste Bild» setzt, um es uns immer weiter zu entfernen; zu jeder Minute, die vorübergeht, läßt eine neue Verschleierung das erste Bild weniger dechiffrierbar für den Menschen werden.

Wie suche ich nun die Welt tatsächlich zu verstehen; wie sieht meine eigene Weise aus, das Universum zu verstehen? Es gab einst ein reines Universum, etwas – sprechen wir es ruhig aus – aus menschlicher Sicht Absurdes: eine immaterielle Materie. Diese Reinheit wird, infolge einer dem Schöpfer zugefügten Beleidigung, durch wer weiß welches Geschehnis, zu einer materiellen Materie. Jedenfalls ist diese Materie durch ein außerordentliches Ereignis kosmischer Ordnung korrumpiert – und die Zeit nimmt ihren Anfang, und die Geschichte beginnt. Das ist meine Weise, die Dinge zu empfinden – keine Wahrheit, sondern eine Weise, die Dinge zu empfinden: so empfinde ich sie, die Dinge, auf diese Weise. Ich sage Ihnen nicht, daß die Wahrheit so aussähe, aber ich empfinde so: ich fühle, daß von einem bestimmten Moment an – und meine ganze Dichtung ist eine platonische Weise, die Dinge zu empfinden, und hat im übrigen auf geistigem Gebiet zwei Lehrmeister: zum einen Platon und die Platoniker und zum andern Bergson: die zwei Lehrmeister, die mir immer dann beigestanden haben, wenn ich zu denken hatte –, ich fühle also, daß von dem Moment an, in dem die Geschichte beginnt (und die Geschichte fängt an mit dem Beginn der Zeit), die Vollkommenheit der Natur endet, der Zustand der reinen Natur, der unkontaminierte Zustand der Natur, der sich immer weiter von uns entfernt. Wir jedenfalls kennen, wie Platon sagte, die Ideen nicht; wir haben Reminiszenzen, Wiedererinnerungen, *Echos* von Ideen. So fährt das erste Bild fort zu existieren, weil es die Morgenröte weiterhin gibt: die Morgenröte ist nicht aus dem Universum verschwunden, nur dringt das «erste Bild» in gewissem Sinne nicht bis zu uns, es sei denn als Echo, als Wiedererinnerung einer vollkommenen Idee. Es gibt also eine vollkommene Morgenröte, und es gibt eine unvollkommene Morgenröte, nämlich die, die wir kennen. Wir aber versuchen mit all unseren Kräften «das erste Bild» in seiner Vollkommenheit kennenzulernen, ungeachtet des Hindernisses der «Mauern», der ewigen Erben der Minuten, die eine auf die andere folgen, sich Ableger bildend fortpflanzen und uns immer mehr vom «ersten Bild» ausschließen. Tatsächlich kann passieren, daß es gelingt, diese unendliche Anzahl von Mauern durch Erleuchtung, durch Blitze, zu durchbrechen, und daß man in einem nicht genau zu bestimmenden Sinne nicht nur das Echo der Idee hat, sondern die Idee selbst erkennt.

Je mehr die reine Idee, unsere «Vorstellung», sich von uns entfernt, um so schöner wird sie, sich entfernend, in unserem Sehnen, um so mehr «berührt sie, nackt, Ruhe». Was soll das heißen, «Ruhe»? Es ist ein Zustand von uns, «nackt» von Leidenschaften, in dem es uns gelingt, unsere Leidenschaften zu beherrschen und in unserem Dasein zu einer Harmonie zu finden. Mit anderen Worten fährt «die besitzergreifende Vorstellung» fort, uns zu fliehen, wird in unserem Sehnen aber immer schöner, so daß unsere Aufmerksamkeit nicht von ihr abläßt; da sie nicht von ihr abläßt, auch wenn sie sich entfernt (und uns, gerade weil sie sich entfernt, noch schöner erscheint), geschieht es uns, daß wir in unserem innersten Wesen eine Befriedigung erfahren und eine gewisse Ruhe und Harmonie wiedererlangen. Ist diese Harmonie erreicht, wird jene Vorstellung – da sie ein Gegenstand in unserem Geist ist, den zu erfassen unserem Geist in irgendeiner Form gelungen ist –, in jenem Augenblick wird die Vorstellung «Keim des Zorns». Kaum ist die Vorstellung schlichte Idee, kaum ist sie eine Idee, wird sie «Keim des Zorns», weil sie «dem Nichts zuwiderläuft». Eigentlich könnte unser Intellekt die reine Idee nicht aufnehmen, und doch gelingt es ihm, weil wir in einer «kurzen Hülle», in einem kurzen Bild, in einer kurzen Last, in der wir sie eingekerkert zu haben meinen, das Gefühl verspüren, daß sie dem Nichts widerspricht, dem Tod: sie ist das Leben, sie ist das Ewige, sie ist die Wahrheit. Und sie widerspricht dem Nichts in ihrer Verkörperung in etwas von uns, in einer «kurzen Hülle» – aber natürlich ist sie mitnichten eine Form, die vorzustellen uns zukäme – es sei denn illusorisch, in Echos.

Klar? Ich weiß nicht ... Wir wollen es hoffen! Die Dichtung läßt sich nicht so ohne weiteres erklären, sie zu erklären, ist sehr schwierig. Der Mensch fühlt diese Dinge, sie rühren wie von ungefähr an seine Intelligenz und sie betreffen ihn in intuitiver und völlig präzisionsloser Weise.

> *Bäche erahnt sie, erregt die Palme:*
> *Dädalische Finger enthüllt sie, wenn sie aufseufzt.*
> (Vv. 25–26)

Fahren wir fort. Wir haben immer Bewegungen der Morgenröte, Farben: «Bäche erahnt sie, erregt die Palme: / Dädalische Finger enthüllt sie, wenn sie aufseufzt». Man geht zu den Bächen, um den Durst zu stillen: es ist eine Vision der Morgenröte, die in sich Bäche hat und sie sich und den anderen unterbreitet. «Erregt die Palme»: die Palme ist die Oase in der Wüste, sie ist das Zeichen des Sieges, der Wiederauferstehung, des Wieder-zu-sich-Kommens des Menschen, seiner Rückkehr, nach dem Dürsten in der Wüste, zu seiner menschlichen Tiefe, zu seiner menschlichen Wahrheit. «Dädalische Finger enthüllt sie»: da war zunächst Iris, die Gottheit, die das Ewige mit dem Vergänglichen verband, und hier ist nun Dädalus (der mit den Labyrinthen). Finger also, fähig, die Labyrinthe zu öffnen und einzutreten in die Geheimnisse des Seins. «Wenn sie aufseufzt»: wir haben der «besitzergreifenden Vorstellung» eine «kurze Hülle» gegeben, weshalb wir sie uns wie ein menschliches Wesen vorzustellen haben, und so wird sie eben auch Seufzer haben!

> *Mag sie die Augenblicke vorbereiten mit roher Klinge,*
> *Verwüsten, einkerkern, mit unsteter Klinge,*
> *Verheeren die Seelen mit dumpfer Klinge,*
> *Nie werde von ihr ich abwenden das starre Auge*
> *Wenngleich, furchtbar aus kahlem Abgrund,*
> *Man Form nur kennt vom Hörensagen.*
> (Vv. 27–32)

Dann haben wir die Stunde der Bedrängnis: «Mag sie die Augenblicke vorbereiten mit roher Klinge...» usw. Was bereitet jene Morgenröte dem Menschen nun vor, der so sehr nach Vollkommenheit und Ruhe, nach dem Einschlummern der Leidenschaften, dem Erlangen einer Harmonie in seinem Innern strebt? Was hat dieser Mensch zu erwarten? Er hat Stunden großer Bedrängnis zu erwarten, die jene Idee für ihn vorbereiten wird: jene durch keine Zeit, keine Geschichte, keine Gesellschaft getrübte Morgenröte.

Aber soll sie uns doch in jeder nur erdenklichen Weise umtreiben, diese Idee, soll sie uns alle nur möglichen Bedrängnisse bescheren und uns in alle möglichen Traurigkeiten versetzen – «nie werde von ihr ich abwenden das starre Auge» usw. Ich wiederhole, was ich oben bereits gesagt habe: man kann die Form (die Form, welche die Idee ist) nur durch Echos kennenlernen, nur durch die Tradition, und niemals direkt, in ihrer Wirklichkeit – ausgenommen durch Intuition, in einem Nu: doch dieser Nu ist Illusion. Wir bemühen uns, ans wahre Wissen heranzugelangen, wir versuchen es in unserem tiefsten Wesen zu erreichen – auch Dante hat sich darum bemüht und die ganze *Commedia* deswegen geschrieben –, aber wir schaffen es nicht.

«Wenngleich, furchtbar aus kahlem Abgrund». Der Abgrund, die Tiefgründigkeit, in welcher die Idee in ihrer Vollkommenheit, in ihrer Absolutheit, ihren Sitz hat, ist nicht, wie die der heutigen Morgenröte, ganz verhüllt von «Mauern, ewig der Minuten Erben», sie ist ein kahler Abgrund, weil die Form in ihrer reinen Nacktheit, in ihrer Absolutheit ist und durch ihre immense, verblüffende Schrecklichkeit Grauen erweckt und auch deshalb, weil es uns nur in der Illusion gelingt, das Absolute zu konzipieren, nur im Durchgang durch unser tausendjähriges und individuelles Leiden, nur durch sämtliche Verkleidungen hindurch, mit welchen das Absolute von der Geschichte und von allen nach und nach durch die Zeit angehäuften Tagen ummäntelt worden ist. Wir sind nur dann dazu imstande, ein Gefühl für die Idee jedweder Sache zu entwickeln, wenn diese von der Geschichte ummäntelt worden ist. Wenn wir ihr die Verkleidungen wegnehmen und sie in ihrer Tiefe und Abgründigkeit betrachten wollen, dann erscheint sie uns, sublim wie sie ist, grauenvoll. Grauenvoll, das soll nicht heißen, daß sie häßlich ist, nein, das heißt ganz einfach, daß sie uns Grauen einflößt, weil sie unendlicherweise mehr als menschlich ist und wir das Bedürfnis haben, daß die Dinge uns angemessen sind. Wir laufen der besitzergreifenden Vorstellung hinterher, sind von ihr besessen, sie aber zieht uns nicht durch gewöhnliche Liebe an. Sie zieht uns an durch eine Liebe, die höher ist als wir; sie zieht uns an, weil sie uns, sofern wir sie lieben, schrecklich unterjocht, sie zieht uns an, weil sie das Absolute ist. Für gewöhnlich jedoch lieben wir die relativen Dinge, die Dinge, die mit uns sterben werden, die alltäglichen Dinge, die erbärmlichen vergänglichen oder schon vergangenen Dinge.

Und wenn, noch immer abenteuerentbrannt,
Zurückgekehrt die Augenblicke von Bedrängnis zu Begehren,
Ithakas fliehende Mauern ich überschreite,
Weiß ich, letzte Verwandlung der Morgenröte,

> *Weiß ich nunmehr, daß der Faden abzureißen scheint*
> *Menschlichen Geschicks, in jener Stunde.*
> (Vv. 33–38)

Wir haben einen Augenblick der Bedrängnis beschrieben, nachdem wir einen Augenblick des Begehrens beschrieben hatten: Wir haben uns gesehnt, und danach noch weiter gesehnt, aber in Bedrängnis («Mag sie die Augenblicke vorbereiten...» usw.). Nun kehren wir wieder zum Begehren zurück, schicken uns an, die Mauern Ithakas aufs neue zu überschreiten, wie wir sie bereits überschritten hatten (als «in Blitzen» usw.), machen die Reise noch einmal, und dieses Mal – es ist das letzte Mal, weil es der letzte Moment der Morgenröte ist, ihre letzte Tönung –, dieses Mal weiß ich, sehe ich ein, daß «der Faden abzureißen scheint / menschlichen Geschicks, in jener Stunde». Es scheint, daß in jener Stunde die Menschheit aufhört, menschlich zu sein, daß die ganze menschliche Geschichte abreißt. Ich hatte es bis dahin nicht gewußt; ich hatte bis dahin nur gewußt, daß da die «Mauern» waren, die uns vom ersten Bild trennten, aber noch nicht, daß die Abenteuer, die der Mensch erleidet, Abenteuer sind, die über die Eigenart, über die historische Konditionierung des Menschen hinausgehen können – das menschliche Geschick ist von der Geschichte gewirktes Geschick – und daß die Abenteuer von daher, sofern sie über das menschliche Geschick hinausgehen, dieses zerreißen. Dem Sinn nach geht es hier also um das Ereignis des Zerreißens, das, sobald es eingetroffen ist, sozusagen eine Rückkehr zum Moment der ersten beiden Vierzeiler impliziert; nun aber ist es nicht der Tod und das Nichts, nun ist alles intakt.

> *Nichts schien neuer als die Straße*
> *Wo sich nie der Raum herabstuft*
> *Durch das Licht oder durch Finsternis, oder andere Zeit.*
> (Vv. 39–41)

«Nichts schien neuer als die Straße». Nicht, wie vorher, «Nichts ist stummer als die fremde Straße», sondern: «Nichts schien neuer als die Straße»[10]. Die Geschichte reißt ab, und man kehrt in ein Ithaka oder besser noch in ein Eden zurück. Zuerst war da das Nichts, und die Geschichte, die «Mauern, ewig der Minuten Erben», zählten noch, nun aber befinden wir uns in der letzten Phase der Morgenröte, wenn sie uns wie in einem Augenblick des Wartens, in welchem wir vergessen, wir selbst zu sein, entfremdet; und dem neuen Odysseus scheint es, als finde er sich im unkontaminierten Augenblick des Universums wieder, als die Materie noch nicht korrumpiert war. Es ist die letzte der optischen Täuschungen, die Aurora zu bieten hat – die grausamste.

10 «Nulla più nuovo parve della strada»: Mitzulesen ist hier eine weitere Bedeutung dieses Verses, «Nichts von der Straße schien mehr neu» (Gen. part.); die Straße scheint ebenso von bislang nie gesehener, unvergleichlich «neuer» Art, wie sie auch gleichsam von den Ursprüngen eines wiedererlangten, «alten», immerwährenden Eden her schon immer vertraut scheint, nun nicht mehr «fremde» Straße ist. [Anm. d. Ü.]

Leone Piccioni
Die Ursprünge der «Terra Promessa»[1]

1948 veröffentlichte Ungaretti in einer römischen Zeitschrift («Alfabeto», 15.–31.Juli) vier Vierzeiler mit der Bemerkung: «Diese Vierzeiler wurden um 1935 geschrieben, nach der Kanzonette «Auguri per il proprio compleanno» des *Sentimento*. Während der ganzen Zeit, die ich in Brasilien verbracht habe, wollte es mir nicht gelingen, über diese wenigen Verse hinauszugelangen.» Tatsächlich aber waren diese Vierzeiler die Frucht intensiven Arbeitens: von den verschiedensten Ansätzen und Versuchen über kommentierte Entwürfe zu Prosaversionen. Liebenswürdigerweise brachte uns der Dichter in den Besitz all dieser Aufzeichnungen, so daß wir die Zeit hatten, sie neu zu ordnen und sämtliche Verse und Entwürfe (die oftmals schon – unnötig, dies hervorzuheben – an Dichtung grenzten) neu zusammenzustellen. Auf diese Weise war es möglich, die Ergebnisse unserer in rein dokumentarischer Absicht angestellten Untersuchungen in derselben Zeitschrift zu veröffentlichen, wobei das einzige Verdienst dieser Veröffentlichung vielleicht darin bestand, den Dichter erneut zur Arbeit angeregt zu haben, indem man ihm ganze Fragmente vor Augen hielt, die poetisch geglückt waren und dennoch keine Aufnahme unter den Vierzeilern gefunden hatten. Tatsächlich nahm Ungaretti nur wenig später die Arbeit wieder auf, und es entstand die Kanzone «Trionfo della fama», die in der «Rassegna d'Italia» (Anno IV, H.3) erschien und danach die endgültige Gestalt der «Canzone» annahm. Und damit gelangen wir zum Sommer 1949, als Ungaretti für die 1950 bei Mondadori gedruckte Erstausgabe alle Fragmente der *Terra Promessa* zusammensuchte und uns bat, unsere Studie noch einmal durchzusehen und zu aktualisieren.

Unsere Absicht war (und ist) es lediglich, denen, die sich mit Ungarettis Lyrik befassen und an den Phänomenen des Zustandekommens, des Werdegangs, der Technik und an den unendlichen, kontinuierlichen internen Weiterentwicklungen von Dichtung lebhaftes Interesse haben, wichtiges neues Forschungsmaterial zugänglich zu machen.

Jede neue Gedichtsammlung von Ungaretti birgt eine andere Botschaft, impliziert eine andere menschliche Haltung,wenngleich sie sich allesamt auf einer konstanten Entwicklungslinie von geistiger Kohärenz bewegen. Das macht die Stärke unseres Dichters aus, der sich niemals mit vorgegebenen Formeln zufriedengibt oder sich zu Abschweifungen verleiten ließe, sondern den Mut besitzt, die maßgeblichen Bedeutungsnuancen eines leidvollen Lebens zusammenzutragen. Ungaretti lebt das Problem der Stilfindung, es von Mal zu Mal in neuen Lösungsversuchen angehend, über die stufenweise Annäherung an eine Form aus, die immer mehr an Wahrheit gewinnt.

1 Es handelt sich hier um die gekürzte Übersetzung des in der it. Werkausgabe abgedruckten umfangreichen Aufsatzes von L. Piccioni; cf. G. Ungaretti, *Vita d'un uomo – Tutte le poesie* (1969), S. 427–464. Die Hgg. danken Leone Piccioni für die freundliche Einwilligung zum gekürzten Abdruck des Textes. [Anm. d. Ü.]

Der Geist, der sich in der fragmentarischen Gedichtsammlung der *Terra Promessa* offenbart, geht auf eine viele Jahre zurückliegende Inspiration zu diesem Gesang zurück, als der *Sentimento del Tempo* noch nicht beendet zu sein schien.

Tatsächlich endet die poetische Jahreszeit des *Sentimento* 1932. In dieses Jahr fallen auch die Schriften, die über Ungarettis Rückkehr nach Ägypten Aufschluß geben und über seine Aufenthalte an den Stätten Vergils, von Cumae bis zum Kap Palinuro, auf dem Weg von Rom nach Brindisi entlang der Via Appia. Viele dieser Schriften sind später in den Band *Il Povero nella Città* (in der Reihe *La Meridiana*) aufgenommen worden. Bis 1934/35 liegen keine neuen Verse vor, und von da an haben wir es mit Gedichten zu tun, die, selbst wenn sie in den *Sentimento* Eingang gefunden haben, schon einer neuen Erfahrung zuzurechnen sind. Gleich danach sollte Ungaretti mit dem ersten Entwurf der «Quartine dell'autunno» beginnen, die ursprünglich den Kern der *Terra Promessa* bildeten.

Die vertrauliche Antwort des Dichters auf die Frage nach dieser Phase seiner Entwicklung läßt sich annähernd so zusammenfassen:

«Die Prosaschriften und die Gedichte der Jahre 1931/32 («Ti svelerà», «1914–1915», «Sentimento del tempo», «La morte meditata», «Silenzio stellato») geben zusammen mit den Gedichten von 1934/35 («Senza più peso», «Auguri per il proprio compleanno») deutliche Hinweise, von woher ich mich der *Terra Promessa* genähert habe. Meine ganze dichterische Aktivität entwickelte sich von 1919 an in diese Richtung: im Sinne einer größeren Objektivität, als es bei der *Allegria* der Fall ist; d.h. im Sinne einer Projektion und Kontemplation der Gefühle in den Gegenständen als Versuch, die eigene biographische Erfahrung in Form von Ideen und Mythen zu überhöhen. Vor allem «Auguri per il proprio compleanno»,[2] zeugt, u.a. seiner thematischen Präzisierung wegen, von diesem Übergang.

Und wenn der Dichter auf der einen Seite (wie es der Palinurus der *Terra Promessa* tun wird) seiner verzweifelten Treue zu den Bildern in den «Auguri» Widerhall verschaffte, selbst wenn sie nichts als Illusion sind, eine «Täuschung unserer Sinne», begrüßte er andererseits im Bild eines Kin-

2 *Dolce declina il sole. / Dal giorno si distacca / Un cielo troppo chiaro. / Dirama solitudine // Come da gran distanza / Un muoversi di voci. / Offesa se lusinga, / Quest'ora ha l'arte strana. // Non é primo apparire / Dell'autunno già libero? / Con non altro mistero // Corre infatti a dorarsi / Il bel tempo che toglie / Il dono di follia. // Eppure, eppure griderei: / Veloce gioventù dei sensi / Che all'oscuro mi tieni di me stesso / E consenti le immagini all'eterno, // Non mi lasciare, resta, sofferenza!* [*Glückwünsche zum eigenen Geburtstag: Süß neigt sich die Sonne. / Vom Tag trennt sich / Ein allzu klarer Himmel. / Breitet Einsamkeit aus // Wie aus großer Entfernung / Ein Sichregen von Stimmen. / Gekränkt, falls sie schmeichelt, / Hat seltsame Kunst diese Stunde. // Ist es nicht erstes Erscheinen / Des schon freien Herbstes? / Mit nicht anderem Geheimnis // Eilt tatsächlich sich zu vergolden / Die schöne Zeit die raubt / Des Wahnsinns Gabe. // Und dennoch, dennoch möchte ich schreien: / Rasche Jugend der Sinne / Die du mich im Unklaren hälst über mich selbst / Und die Bilder dem Ewigen gewährst, // Verlaß mich nicht, bleibe, Leiden!*] [Cf. Bd.2 dieser Ausg., S.172f.; Anm. d. Ü.]

derlachens[3] die immerwährende Schönheit des Lebens, auch wenn sie (ohne jemals aufzuhören zu sein) nur flüchtig, in einem mehr oder weniger ephemeren Akt Erleuchtung geben kann, so lichtvoll er das Universum auch werden lassen mag. Die immerwährende (aber unerbittlich ans Vergehen, an die Bilder, an die irdischen Wechselfälle, an die Geschichte geknüpfte und daher – und Palinurus wird dies zur Sprache bringen – nur *illusorischerweise* immerwährende) Schönheit nahm in meinem Geist die Gestalt von Aeneas an. Aeneas ist Schönheit, Jugend, Arglosigkeit in steter Suche nach dem Verheißenen Land, wo er in der Schau der flüchtigen Schönheit die eigene auflachen und bezaubern lassen kann. Es handelt sich aber nicht um den Mythos von Narziß: es ist die lebensspendende Einheit von Gedächtnis, Phantasie und Spekulation, mit einem Wort: des Geisteslebens; es ist auch die fruchtbare Einheit des Fleischeslebens in der langen Aufeinanderfolge der Generationen.
Dido stellte die Erfahrung dessen dar, der sich im Spätherbst anschickt, den Herbst zu überschreiten; die Stunde, zu der das Leben wüst zu werden droht: den Augenblick einer Person, von der sich – furchtbar, entsetzlich – das letzte Beben der Jugend abzuspalten droht. Dido ist die Erfahrung der Natur gegenüber derjenigen des Geistes (Palinurus).
Zahlreiche Fakten aus meinem Leben und dem meiner Nation haben das anfängliche Projekt der *Terra Promessa* notwendigerweise bei der Ausarbeitung erweitert. Es sollte sich auf alle Fälle (das gilt auch heute noch) bis zu jenem Punkt entwickeln, wo, nachdem Aeneas den Boden des Verheißenen Landes berührt hat, die Gestalten seiner vorangegangenen Erfahrung erwachen würden, um ihm im Gedächtnis zu bezeugen, wie die aktuelle und alle noch folgenden Erfahrungen enden würden, solange es den Menschen, bis die Zeit erfüllt ist, nicht gegeben sein wird, das wahre Verheißene Land kennenzulernen.»
Und so nahm, seit jenem weit zurückliegenden Jahr 1932 bis heute, diese Sammlung Gestalt an: von den «Quartine dell'autunno» – wo die alleinige Jahreszeit des *Sentimento* (der Sommer) sich in die neue Jahreszeit verwandelte – bis zum «Palinuro», zur *Terra Promessa*. Wo aber läßt sich innerhalb dieser Abfolge die Dichtung des *Dolore* einordnen?
Schon während seiner ersten in Brasilien verbrachten Jahre hegte Ungaretti die zentrale Idee der *Terra Promessa*; er wurde dort jedoch von

3 *Per un Iddio che rida come un bimbo, / Tanti gridi di passeri, / Tante danze nei rami, // Un'anima si fa senza più peso, / I prati hanno una tale tenerezza, / Tale pudore negli occhi rivive, // Le mani come foglie / S'incantano nell'aria ... // Chi teme più, chi giudica? (Senza più Peso)* [*Kein Gewicht mehr: Für einen Gott der lache wie ein Kind, / Soviele Sperlingsschreie, / Soviele Tänze in den Zweigen, // Eine Seele hat kein Gewicht mehr, / Die Wiesen haben eine solche Zärtlichkeit, / Solche Scham lebt in den Augen wieder auf, // Die Hände wie Blätter / Verzaubern sich in der Luft ... // Wer fürchtet mehr, wer urteilt?*] [Cf. Bd. 2 dieser Ausg., S. 174f.; Anm. d. Ü.] Und auch die Metrik gibt hier und in den «Auguri» Auskunft über die Neuorientierung des Autors.
N.B.: In den früheren Ausgaben des *Sentimento* lautete der letzte Vers der «Auguri» zunächst: *«Non mi lasciare ancora sofferenza!»* [*Verlaß mich noch nicht, Leiden!*]

grausamen Ereignissen überrascht: dem Tod seines kleinen Sohnes, dem Krieg, dem Zunichtewerden von Gefühlen der Zuneigung, der Zerstörung bewunderungswürdiger Zeichen der Kultur. Der *Dolore* entstand zwischen 1937 und 1944, mit der Unmittelbarkeit jener hohen Geschichtsschreibung, die eine Epoche durchdringt und auslegt. Im Umfeld der anderen Inspiration, die gleichwohl mit «I ricordi» und vor allem mit «Tu ti spezzasti», «Terra» und «Il tempo è muto» (die vorwiegend nach 1944 geschrieben wurden und für eine menschliche Interpretation der Landschaft stehen: eine ihrer legendären Metamorphosen) wieder zum Vorschein kam, stellt er so etwas wie eine siegreiche Rast dar. Nun aber beginnt jene erneut zu dominieren, und sie verbindet den Verfall der Schönheit und der Zeitalter, den Fluß der Kulturen, die entstehen, einander ablösen, altern, wiederkehren, mit dem Zyklus der Jahreszeiten.

Die Reihenfolge von Ungarettis Werken, die geradezu schicksalhaft zu nennen wäre, so sehr reflektiert sich in ihr eine insgeheim allen gemeinsam zugrundeliegende Inspiration, sieht also folgendermaßen aus: *L'Allegria*, danach bis 1932 der *Sentimento del Tempo*, dann, bis heute, die *Terra Promessa*, unterbrochen von der schecklichen Erfahrung des *Dolore*. [...]

Die zentrale Idee der «Canzone» geht zurück auf das Jahr 1935; nachdem sie später wiederaufgenommen, überarbeitet und unter äußersten seelischen Qualen während des Brasilienaufenthaltes abgeändert worden war, erblickte sie zum ersten Mal unter dem Titel *Frammenti* (in: «Alfabeto», Juli 1948) in Form von Vierzeilern das Licht der Welt:

FRAMMENTI

1

Le nude braccia di segreti sazie
Del Lete a nuoto hanno composto il fondo,
Disciolto adagio le veementi grazie
E le stanchezze onde fu luce il mondo.

2

Nulla è più vuoto della muta strada
Dove niuno è fugace né governa,
Né pena cosa, né a sé o ad altri aggrada,
Dove veglia mai il sonno non alterna.

3

Tutto risorse, sotto a trasparenze,
Nell'ora credula, persa la quiete,
Che dalle dissepolte arborescenze
La misura s'offerse delle mete.

4

Ogni sussurro che vibrasse amore
Dall'aereo greto trasalì sorpreso,
Si fece notte vaga in quel colore
E fu, più d'ogni vita, sonno acceso.

5

Preda dell'impalpabile propagine
Di muri, eterni dei minuti eredi,
Sempre più esclusa è l'iniziale immagine;
Ma da quel gelo, a lampi, riconquide.

[FRAGMENTE *//1// Die nackten Arme von Geheimnissen satt / Haben vom Lethe schwimmend zusammengefügt den Grund, / Aufgelöst sacht die ungestümen Grazien / Und alle Müdigkeit woher Licht ward die Welt. //2// Nichts ist leerer als die stumme Straße / Wo keiner flüchtig ist noch regiert, / Noch Ding sich quält, weder sich noch anderen gefällt, / Wo Wachen nie den Schlaf abwechselt. //3// Alles trat hervor, unter Transparenzen, / In der leichtgläubigen Stunde, verloren die Ruhe, / Die aus den ausgegrabenen Arboreszenzen / Das Maß sich gewährte der Ziele. //4// Jedes Flüstern das vibrierte Liebe / fuhr auf vom luftigen Kieselgrund überrascht, / Verwandelte sich in unbestimmte Nacht in jener Farbe / Und war, mehr als jedes Leben, entbrannter Schlaf. //5// Beute der untastbaren Fortpflanzung / Von Mauern, ewig der Minuten Erben, / Ist immer mehr ausgeschlossen das anfängliche Bild; / Doch aus jenem Eis, in Blitzen, erobert es wieder.*]

Diese Verse waren das Resultat eines langen und langsamen, variantenreichen und äußerst engagierten Bearbeitungsprozesses, der sich über dreizehn Jahre hinzog und aus dem Ungarettis Arbeitsweise klar erkenntlich wird. Man beachte, daß es tatsächlich zum ersten Mal möglich gewesen ist, die Handschriften Ungarettis mit einzubeziehen und sich nicht auf die Varianten der diversen Ausgaben und Drucke beschränken zu müssen.

Die Handschriften, die diesen Quartinen vorausgehen, belaufen sich auf einige Dutzend Seiten und lassen sich zeitlich in vier verschiedene Phasen einteilen: die erste stellt den Versuch dar, gereimte, in Fragmente unterteilte Vierzeiler zu erhalten; die zweite bemüht sich um die Ausarbeitung des nicht gereimten Vierzeilers; die dritte verzichtet ganz auf Vierzeiler und Fragmente, um die einzelnen Momente im Zusammenhang eines einzigen poetischen Diskurses zu verbinden (der Versuch einer in Strophen untergliederten «Canzone», dessen bestes Resultat der endgültige Text sein wird); und schließlich die Rückkehr zur gereimten Quartine. Es fehlt die Anfangsphase, d.h. der 1935 in Italien begonnene Versuch. Die vier darauffolgenden Ausarbeitungsphasen sind: 1937 in Brasilien (die ersten drei) und die vierte 1948 in Italien (in den Versuchen des folgenden Jahres nimmt die «Canzone» dann definitive Formen an). Es gibt in den Handschriften aus unterschiedlichen Antrieben korrigierte Vierzeiler, die auf Versionen verweisen, welche sich in einer neuen *Reinschrift* präsentieren und ihrerseits am Rand von Vorschlägen für ganze Quartinen oder Strophen begleitet werden, die dann erneut in Textversuche eingeflossen sind; alle Versionen befinden sich jedoch mit denen, die jeweils zuvor ge-

funden und wieder aufgegeben worden waren, in harmonischer Übereinstimmung. [...]
Auf einigen Seiten der Handschriften, neben den Versen oder am Fuß der Seite, Anmerkungen in Prosa zu den Beweggründen und Absichten der Textkomposition. Ja, sogar ganze Seiten mit klassischen Zitaten: lauter Petrarca-Verse, die weniger dazu dienen sollen, auf direkte sprachliche Bezüge und Anregungen hinzuweisen, als vielmehr auf besagte Gründe und Absichten. Sie können daher als Quelle für die Ausrichtung des dichterischen Ansinnens genommen werden. – [...]
Zwei grundlegende Motive erlauben es uns, bei den Textvarianten der strophischen Version eine Reihenfolge festzulegen. Hier das Beispiel (von 1937) der am weitesten ausgearbeiteten Form:

NEMICA GLORIA

Le care braccia esauste di segreti
Tentano l'acqua nel suo cuore sordo,
E, poggiando, la loro grazia antica
Esula da stanchezze ai tempi fiamma.

Un seguito di volte all'infinito,
Figlie illusorie dei minuti in fuga,
A gradi mi separa dall'immagine
Che va a fondo,
non soffre e non ha voce.

Da ineffabile moto dissepolta
Nulla è più chiuso della strada muta
Dove la veglia e il sonno sono uguali
E non arriva il vento, niuno guida
E voluttà non nasce,
né la pena.

Più s'allontana nell'abisso calma
Meglio ne vedo la nemica gloria,
La notte si redime al suo colore
Sognato in sonno e atteso ad occhi aperti.

L'avido sguardo da lei non distraggo,
Ogni sospiro che l'amore strappa
Si sorprende rivolto a quella pietra.
Riposa tutto in fondo a trasparenze
Da quando alludo furibondo e irriso,
Inquieto,
a una forma senza morte.

Enumero illusioni nel rimorso.

[FEINDLICHER RUHM // *Die teuren Arme erschöpft von Geheimnissen / Versuchen das Wasser in seinem tauben Herzen, / Und, aufstützend, ihre alte Anmut / Ist fremd aller Müdigkeit den Zeiten Flamme. // Eine Folge von Malen, zum Unendlichen hin, / Illusorische Töchter der Minuten auf der Flucht, / Trennt mich stufenweise von dem Bild / Das untergeht, / nicht leidet und keine Stimme hat. // Aus unsagbarer Bewegung ausgegraben / Ist nichts verschlossener als die stumme Straße / Wo das Wachen und der Schlaf gleich sind / Und der Wind nicht hingelangt, keiner führt / Und Wollust nicht geboren wird, / noch die Qual // Je mehr sie sich entfernt im Abgrund, Ruhe / Sehe ich um so besser ihren feindlichen Ruhm, / Die Nacht erlöst sich zu ihrer Farbe / Ertäumt im Schlaf und erwartet mit offenen Augen. // Den gierigen Blick wende von ihr ich nicht ab, / Jeder Seufzer den die Liebe entreißt / Überrascht sich rückgewandt zu jenem Stein. / Alles ruht auf dem Grund von Transparenzen / Seit ich anspiele wütend und verlacht, / Unruhig, / auf eine Form ohne Tod. // Ich zähle Illusionen auf im Gewissensbiß.*]

Der letzte Vers ersetzt den vorangegangenen «Ich verbringe die Minuten in rasender Angst» (cf. zu diesem Vers weiter unten, wo von den Vierzeilern [Handschriften-Komplex 1935–1937] die Rede ist, die nicht vor 1949 überarbeitet worden sind). Das Beibehalten von «Ich zähle Illusionen auf im Gewissensbiß» umreißt, zusammen mit dem Vers «Den gierigen Blick wende von ihr ich nicht ab», das Thema, dessen Einführung hier die strophischen Versuche charakterisiert. [...]
Doch was liegt diesem Versuch eines strophischen Aufbaus eigentlich zugrunde? Wie man an dem Beispiel oben sehen kann, hat man nach dem Wegfall des Reims immer noch intakte Elfsilber, ohne auch nur den Versuch ihrer Untergliederung. Die Strophe ist mehr oder weniger von der Identität von Thema und Inspiration diktiert worden, von derselben Identität, die schon bei der Abfassung der Vierzeiler die Vermischung von Konzept und Idee verwirklicht hatte, in einer fortwährenden Unsicherheit gegenüber dem Auszuschließenden und dem Vorhandenen («Nichts ist unmenschlicher als das Bild»).
Hier nun, in den Strophen selbst, der Grund für die Abfolge: Zu Beginn wird ein Gefühl des Verlorenseins vermittelt, das an das Verrinnen der Minuten gebunden ist, an die objektive Zeit, ein Gefühl, das sich bereits verliert: es ist ein Sich-Entfernen des Bildes, ein Bewußtseinsverlust von uns: ein Gefühl der Trennung von der Natur und, in uns, des Indifferent-Werdens. Endlich ist der Sitz der Gleichheit von Wachen und Schlaf erreicht, wo weder «Wollust noch Qual» aufkeimt. Doch das Leben ersteht neu zu seinem zweiten Grad, es erneuert sich die Illusion; es erfüllt sich der Traum «erträumt im Schlaf und erwartet mit offenen Augen». Hier also das zum Stillstand gekommene Drama des Verschwindens (doch starr, versunken in das Bild, der Blick), das Verfallen der Natur hin zu einer Ruhe, verwurzelt in «eine Form ohne Tod». Es bleibt nur, «aufzuzählen Illusionen im Gewissensbiß»: die Treue des Geistes zur Suprematie des Bildes im kontinuierlichen Sich-Erneuern der Zeit.
«Nemica gloria» stellte nur einen ersten Entwurf dar: In seinen Randvarianten zeichnete sich ein neues Thema ab: «Wie richtet sie leicht auf zum Unendlichen / den schönen Bogen» ... Ein Gedanke, der sofort in einer neuen Ausarbeitung dieser Strophengruppe aufgenommen wurde:

IL BELL'ARCO

Le care braccia esauste di segreti
Tentano l'acqua nel suo cuore sordo
E, poggiando
La loro grazia antica,
Esula da stanchezze
Fiamma ai tempi.

Come solleva lieve all'infinito
Il bell'arco
Spegnendosi il minuto,
E come taglia a gradi
Dall'immagine che s'inoltra,
Non soffre e non ha voce.

Nulla è più chiuso
Della strada muta da infallibile moto
Dissepolta,
Dove la veglia e il sonno
Sono uguali,
Nessun guida,
Non arriva il vento né voluttà rinasce,
Né la pena.
Più nell'abisso calma
S'allontana,
Meglio ne vedo la nemica gloria.
Mai non mi stancherò di tanto abbaglio.

Si redime la notte a quel colore
Sognato in sonno, atteso ad occhi aperti:
Ogni sospiro che l'amore strappa
Si sorprende rivolto a quella pietra.

Riposa in fondo a transparenze tutto
Da quando alludo furibondo e irriso,
Inquieto,
A una forma senza morte.

Enumero illusioni nel rimorso.

[DER SCHÖNE BOGEN // *Die teuren Arme erschöpft von Geheimnissen / Versuchen das Wasser in seinem tauben Herzen / Und, aufstützend, / Ihre alte Anmut / Ist fremd aller Müdigkeit, / Flamme den Zeiten. // Wie richtet sie leicht auf zum Unendlichen / Den schönen Bogen / Sich auslöschend die Minute, / Und wie sie stufenweise abschneidet / Von dem Bild das fortschreitet, / Nicht leidet und keine Stimme hat. // Nichts ist verschlossener / Als die stumme Straße aus unfehlbarer Bewegung / Ausgegraben, / Wo das Wachen und der Schlaf / Gleich sind, / Kein Führer, / Der Wind nicht hingelangt noch Wollust wiedergeboren wird, / Noch die*

Qual. / Je mehr im Abgrund Ruhe / Sie sich entfernt, / Sehe ich um so besser ihren feindlichen Ruhm. / Niemals werde ich so vieler Blendung müde werden. // Es erlöst sich die Nacht zu jener Farbe / Ertäumt im Schlaf, erwartet mit offenen Augen: / Jeder Seufzer den die Liebe entreißt / Überrascht sich rückgewandt zu jenem Stein. // Es ruht auf dem Grund von Transparenzen alles / Seit ich anspiele wütend und verlacht, / Unruhig, / Auf eine Form ohne Tod. // Ich zähle Illusionen auf im Gewissensbiß.]

Die Abfolge ist identisch mit der von «Nemica Gloria»; metrische Gründe sind hier jedoch vorrangig, bei einem ausdrücklicheren Hören auf den (im Zusammenklang nicht mehr fragmentarischen) Elfsilber, der zerlegt wird (Ungarettis Weise einer poetischen Lektüre, bei der er, auf der Suche nach dem Vers, den Rhythmus isoliert und Worte und Akzente ins Licht rückt).
Von jenem Augenblick an standen ihm die Umrisse der «Canzone» klar vor Augen, und sein unablässiger Versuch, der italienischen Dichtung erneut alle Artikulationen des Gesangs zukommen zu lassen und dabei die Spontaneität ihrer traditionellen Eloquenz wiederzuentdecken, ohne ihr die strikte Zugehörigkeit zu jeder notwendigen Neuerung des Ausdrucks zu nehmen, wurde allmählich von Erfolg gekrönt. In dieser Richtung arbeitete Ungaretti schon seit dem *Sentimento*; aber in der *Terra Promessa* präzisiert sich seine Bemühung und erlangt höchste Bedeutsamkeit. Man beachte bei der vorliegenden Gedichtsammlung, auch wenn sie fragmentarisch geblieben ist: mit den «Cori di Didone» geht der Dichter von der Musikalität der Tasso-Monteverdi-Madrigale aus, also vom Höhepunkt der italienischen Gesangstradition, für den «Palinuro» kehrt er zur Sestine zurück, zu den Wirkungen einer Ausdrucksgewalt, die sich durch das obsessive Moment des Reimworts erreichen lassen; und nun also die «Canzone».
Doch Vorsicht: Artikulationen erneut zukommen lassen heißt nicht mechanische Wiedereinführung von Schemata, auch wenn es machmal vorkommen kann, daß ein antikes Schema schon von sich aus den neuen metrischen Notwendigkeiten entspricht.
Es ist eine «Canzone», die sich, von der feierlichen Anmut Petrarcas ausgehend, dabei aufgehalten hatte, die verwirrenden Tiefen eines Leopardi widerzuspiegeln, und nun auf den Lippen eines Mannes von heute erscheint, um seine Seele auszubreiten: es ist die Dichtung des erhabenen Tons, die hier zu neuem Glanz gefunden hat. [...]
Es war mir ein leichtes, im Korpus der Handschriften von 1935–1937 eine vollständige Quartine (und weitere Verse) zu finden, die vom Dichter bei seinen Überarbeitungen bis 1949 beiseite gelassen worden war. Hier die wichtigsten Versionen davon:

Conto i minuti in furibonda brama
E da lei non distraggo l'occhio fisso:
Ma ha più luce di tanto la sua fama;
Di quanto è più lontana nell'abisso.

[*Ich zähle die Minuten in rasender Begierde / Und von ihr wende ich nicht ab das starre Auge: / Doch um so mehr Licht hat ihre Fama; / Je ferner sie ist im Abgrund.*]

oder:

Passo i minuti in furibonda angoscia,
L'avido sguardo da lei non distraggo:
Meglio ne vedo la nemica gloria
Più s'allontana calma nell'abisso.

[*Ich verbringe die Minuten in rasender Bedrängnis, / Den gierigen Blick wende ich von ihr nicht ab: / Um so besser sehe ich ihren feindlichen Ruhm / Je mehr sie sich entfernt, Ruhe im Abgrund.*]

oder auch:

Più nell'abisso calma s'allontana,
Ed ella appare persuasiva mira,
Meglio ne vedo la nemica gloria.

[*Je mehr im Abgrund Ruhe sich entfernt / Und es erscheint sie, überzeugende Zielgestalt, / Sehe ich um so besser ihren feindlichen Ruhm.*]

und schließlich

Come solleva lieve all'infinito
Il bell'arco
Spegnendosi il minuto,
E come taglia a gradi
Dall'immagine che s'inoltra,
Non soffre e non ha voce.

Damals schrieben wir (in «Alfabeto», 15.–31.Juli 1948): «Es sind dies Verse, die in den Handschriften verblieben sind; sie enthalten jedoch eine dramatische und poetisch lebendige Idee. Ungaretti wird nicht auf sie verzichten. In einer Fußnote erläutert er: ‹Die Welt: das Leben ist Tendenz zur Sage: es ist der Geist, der Form gibt›». Wir fügten hinzu: «Die Blätter mit den handschriftlichen Aufzeichnungen dieser Vierzeiler sind uns, entgegen aller Gewohnheit, aus einem bestimmten Grund erhalten geblieben: weder waren die Verse veröffentlicht worden, noch wollte man für alle Zeiten auf sie verzichten. Die unstabile, noch nicht konkrete Form der Fragmente ließ das permanente Vorhandensein der verschiedenen Textversionen ratsam erscheinen, weil in diesen möglicherweise die Basis zu einer letzten, stabilen Textgestalt zu finden war. Die Handschriften sind jedoch auch nach deren Veröffentlichung («Frammenti») nicht verschwunden, und auch hierfür gibt es einen Grund: es finden sich dort Verse und eine vollständige Quartine, die von der aktuellen Version ausgeschlossen bleiben, instabil und leicht dafür empfänglich, von ihren eigenen Voraussetzungen her zu neuem Leben erweckt zu werden.»
Und tatsächlich ist dies binnen kurzem auch geschehen: im übrigen war unsere Vorhersage so schwierig nicht, und es war auch ein leichtes, der

Bedeutsamkeit gewahr zu werden, die diese Verse annahmen (von daher erhielt das ganze Gedicht, wenn auch nur vorübergehend, den Titel «Trionfo della fama»).
«La Rassegna d'Italia» (März 1949) veröffentlichte:

TRIONFO DELLA FAMA

1

Nude, le braccia di segreti sazie,
A nuoto hanno del Lete svolto il fondo,
Adagio sciolto le veementi grazie,
E le stanchezze onde fu luce il mondo.

Nulla è strano più della muta strada
Dove niuno decade né governa,
Né cosa pena, né a sé né a altri aggrada,
Dove la veglia mai, mai il sonno alterna.

2

Risorso tutto, poi, per trasparenze,
Nell'ora credula, quando, la quiete
Persa, da dissepolte arborescenze
Si delineò misura delle mete
E, in scandire sussurri, tenue amore
Dall'aereo greto trasalì sorpreso
Vaga facendo notte e, in quel colore,
Più di qualsiasi vita il sonno, acceso.

3

Preda dell'impalpabile propagine
Di muri, eterni dei minuti eredi,
Sarà sempre più esclusa l'iniziale immagine;
Ma, dal suo gelo, a lampi riconquide.

4

Ride più rosea l'ossessiva mira
Più si spoglia e più tocca a nudo calma;
Ma, germe, quando schietta idea, d'ira,
Tale al deserto avversa, il rivo inventa e la palma.

5

Devasti gli attimi con sorda calma
Desoli gli attimi con sorda calma,[4]
Non distrarrò da lei mai l'occhio fisso,
Benché più sia lontana nell'abisso,
Meglio orrenda si sveli forma, fama.

4 «Calma» ist ein Druckfehler oder ein «lapsus calami» für das damals schon übernommene «lama» [Klinge].

6
In angoscia i minuti passo e in brama,
Ma se tuttora incontro all'avventura,
D'Itaca varco le fuggenti mura,
So, ultima metamorfosi all'aurora,
Oramai so che il filo della trama
Umana, pare rompersi, in quell'ora.

[TRIUMPH DER FAMA *// 1 // Nackt, die Arme von Geheimnissen satt, / Schwimmend haben sie aufgerollt des Lethe Grund, / Sacht aufgelöst die ungestümen Grazien, / Und alle Müdigkeit woher Licht ward die Welt. // Nichts ist seltsamer als die stumme Straße / Wo keiner untergeht noch regiert, / Noch Ding sich quält, weder sich noch anderen gefällt, / Wo das Wachen nie, nie der Schlaf abwechselt. // 2 // Alles trat hervor, drauf, durch Transparenzen, / In der leichtgläubigen Stunde, als, die Ruhe / Verloren, aus ausgegrabenen Arboreszenzen / Sich abzeichnete Maß der Ziele / Und, im Skandieren von Geflüster, zarte Liebe / Vom luftigen Kieselgrund überrascht auffuhr / Nacht unbestimmt machend und, in jener Farbe, / Mehr als irgendein Leben den Schlaf, entflammt. // 3 // Beute der untastbaren Fortpflanzung / Von Mauern, ewig der Minuten Erben, / Wird immer mehr ausgeschlossen sein die anfängliche Bildvision; / Doch aus ihrem Eis erobert sie in Bitzen wieder. // 4 // Je mehr rosig lacht die obsessive Zielgestalt / Um so mehr entkleidet sie sich und berührt nackt Ruhe; / Doch, Keim, wenn schlichte Idee, von Zorn, / Als solche der Wüste feindlich, erfindet sie den Bach und die Palme. // 5 // Mag sie die Augenblicke verwüsten mit tauber Klinge / Mag sie die Augenblicke verheeren mit tauber Klinge, / Nie werde von ihr ich abwenden das starre Auge, / Obgleich je ferner sie im Abgrund ist, / Um so besser gräßlich Form sich enthüllt, Fama. // 6 // In Bedrängnis verbringe ich die Minuten und in Begier, / Doch wenn noch immer dem Abenteuer entgegen / Von Ithaka ich überschreite die fliehenden Mauern, / Weiß ich, letzte Verwandlung der Morgenröte, / Weiß ich nunmehr daß der Faden des menschlichen / Geschicks abzureißen scheint, in jener Stunde.*]

Bei Betrachtung der drei letzten Strophen wird man sofort sehen, wie die drei Themen, aus denen sie sich konstituieren, in der weggelassenen Quartine bereits vorhanden waren, Themen die nun (im endgültigen Text der «Canzone») erweitert sind. Ihr Ursprung liegt also, nicht nur, was die Inspiration, sondern auch, was den stilistischen Fortgang angeht, in jenem fernen Zeitraum von 1935–1937. [...]
Betrachten wir nun den Eingangsvers der letzten Strophe:

In angoscia i minuti passo e in brama
[*In Bedrängnis verbringe ich die Minuten und in Begier*]

so folgt er klarerweise aus «Ich zähl die Minuten in rasendem Verlangen» oder auch «Ich verbringe die Minuten in rasender Angst». [...]
Erneuert und reich an Bedeutungen und Folgerungen, bleiben die letzten Verse der ersten Strophen-Einheit sowie die letzten fünf Strophen endgültig erhalten. Dagegen wird jener so geglückte Strophenbeginn auch zuletzt noch ausgeschlossen bleiben:

Come solleva lieve all'infinito
Il bell'arco
Spegnendosi il minuto...

Doch man beachte nur, was nun aus dem Endvers der Oktave geworden ist:

Più d'ogni vita un arco, il sonno, teso.
[*Mehr als jedes Leben einen Bogen, den Schlaf gespannt.*]

Wie war er [Ungaretti] auf die Verse vom März 1949 gekommen? Er war zunächst von zwei Strophen ausgegangen:

Passo i minuti in angosciosa brama
E da lei non distraggo l'occhio fisso,
Ma quanto più è lontana nell'abisso
Meglio si svela orrenda: è forma, è fama.

Più giunge all'abissale spenta calma
Più mi apparisce persuasiva mira
E, intima e spersa, dando incendio all'ira.
Struggendo è gloria che prepara a fama.

[*Ich verbringe die Minuten in angstvoller Begier / Und wende von ihr nicht ab das starre Auge, / Doch je ferner sie ist im Abgrund / Um so besser enthüllt sie sich gräßlich: ist Form, ist Fama. // Je mehr sie zur abgründigen erloschenen Ruhe gelangt / Um so mehr erscheint sie mir als überzeugende Zielgestalt / Und, tief innen und verirrt, Feuer legend an den Zorn. / Zerstörerisch ist sie Ruhm der vorbereitet auf Fama.*]

Dann entdeckte er die Motive, die es zu einer neuen Strophe zu verdichten galt, und erfand die anderen Verse. [...]
In den Handschriften erhielt diese Version, noch vor der Publikation in der «Rassegna d'Italia», nacheinander die Titel «Aurora» bzw. «Dell'aurora o trionfo della fama».
Doch noch war man nicht am Ende angelangt. Man vergleiche nur die erstaunlichen Errungenschaften des endgültigen Textes, bei welchem der Dichter zunächst noch unentschlossen war, ob er ihm den jetzigen Titel geben oder ihn statt dessen «Prologo» nennen sollte. [...]
Die Person der «Canzone» ist der Dichter selbst, der Dichter mit seiner Treue zur Illusionskraft der Bilder: zur Phantasie und zur Erinnerung, genau wie Palinurus. Hinabgestiegen in den Lethe, ins augenscheinliche Vergessen hinabgestiegen, hat er die Schmerzen und Freuden seines Lebens sich auflösen lassen, ist er angelangt in einem Reich, in dem es keine Zeit mehr gibt zu wachen und zu schlafen. Doch das Bild des Vergangenen, das Gedächtnis von der Welt steigt wieder herauf, und das, was für immer entschwunden schien, überdauert und wird, als gedachte Wirklichkeit, zur einzigen, einzig wahren Wirklichkeit eines jeden Lebens. Und, im Unterschied zu Palinurus, der in die dramatischen Versuchungen der Handlung verstrickt ist, ist der Dichter in der Lage, alle Erfahrungen zu

rekapitulieren, sowohl die geistigen (Palinurus) als auch die fleischlichen (Dido), und sie alle, obgleich er sie erneut durchlebt, durch die Spekulation des Geistes zu übersteigen. Es handelt sich um eine Dichtung, die sich mit dem Hörensagen, mit der Sage identifiziert («die Welt, das Leben ist Tendenz zur Sage») und die Gabe der wachsamsten Bezauberung und der verzweifeltsten Bitterkeit zuteil werden läßt. Wenn jeder Augenblick der Existenz zunichte gemacht ist, erfindet sie die seltenen Glückseligkeiten; und wenn alles Besorgniserregende zugestanden ist, wird sie zum allgemeinen Maß. Es sind dies letzte Abenteuer der Inspiration und des Diskurses. Und als solchen macht sich in ihnen, mehr denn je zuvor, der Sinn für das Prekäre des irdischen Lebens und für das Illusorische irdischer Unsterblichkeit des Menschen bemerkbar. Und tatsächlich könnte alles mit einem Mal einstürzen und verschwinden, auch das Wunder des Menschen: der menschliche Geist, die menschliche Geschichte.
So ist in den verstreuten, hastig notierten Randbemerkungen der ersten Gedichtentwürfe zu lesen: «zu wissen, daß jede Handlung abstarb und, weil sie tot war, Entsetzen lebte; abstrahiert vom Präsenten. Schön, insofern etwas vergangen ist, insofern es der Tod in der Erinnerung bewahrt hat; ... Dinge, vom Rasen der Zeit erfaßt ... vergewaltigt, korrumpiert; sie entwurzelt sie, zerstört sie, überwältigt sie. Sind sie der Zeit enthoben, Festigkeit an sie herantragen, sie vergeistigen; es gibt die Bedeutsamkeit des Todes, aber es gibt auch den Geist, der ihn aufwiegt ... mich von Moment zu Moment kennenlernen ... und mich in diesen Tod versteinert fühlen ... Tod; Reflexionen des Verfallens, Reflexionen des Wiederauferstehens ... Die Logik: nichts anderes erscheint uns schön als das, was zu einer Ordnung gelangt: das, was gewesen ist, ist für immer gewesen, ist zum Patrimonium des Geistes geworden.»
Die beredtesten Bestätigungen unserer Annahmen finden sich in den Petrarca-Zitaten, die Ungaretti in Eile festgehalten hat, um auch hier den Akzent zu legen auf die Idee des Todes («Tormani a mente, anzi v'è dentro quella / Ch'indi per Lete esser non po' sbandita [«Es kehr' mir in den Sinn, ist schon dort drinnen, jene, / Von wo sie Lethe nicht verbannen kann»] und der Überraschung (lieblichen Erschreckens) («Vidi fra mille donne una già tale / Ch'amorosa paura il cor m'assalse» [«Von tausend Frauen sah ich eine solche / Daß liebliches Erschrecken mir das Herz anfiel»]), des raschen Übergangs («Dolci durezze e placide repulse ... Or me n'accorgo» [«Süße Härten und gefällige Weigerungen ... Nun merk ich's»]) und des Lichts («Piacesti sì ch'n te sua luce ascose»; «Lasciato hai Morte senza sole il mondo ... Non la conobbe il mondo mentre l'ebbe / Conobbil'io che a pianger qui rimasi» [«So sehr gefielst du, daß in dir ihr Licht verbarg»; «Gelassen hast du, Tod, ohne Sonne die Welt ... Nicht kannte sie die Welt, als sie sie hatte / Ich kannte sie, der weinend hier zurückblieb»]); auf sein programmatisches Motto («E m'è rimasa nel pensier la luce» [«Und im Gedenken ist mir das Licht geblieben»]) und die fortschreitende Dauer bestimmter Themen (die irdische Vergänglichkeit in der «Canzone della Vergine»), schließlich auf das Gedächtnis und seine wechselnden Sichtweisen («Non po' far Morte il dolce viso amaro»; «Questo nostro caduco e fragil bene»; Fu forse un tempo dolce cosa amore» [«Nicht kann der Tod verbittern das süße Antlitz»; Dies

unser hinfällig-zerbrechliches Gut»; «Ein süßes Ding war einstmals Liebe wohl»]).[5] All dies Definitionen jenes Vergänglichkeitsgefühls, aus dem Petrarcas dichterische Ader höchste Kraft schöpft.
Ungaretti sondert dieses Gefühl aus seinen Lieblingstexten aus, um ihm freien Lauf zu lassen und sich darüber Gewißheit zu verschaffen, wie Petrarca selbst es womöglich als erster genau ausgesprochen hätte. Es ist das Gefühl der Vergänglichkeit, das jeder Existenz Farbe verleiht und ihr durch das Maß der Dauer die evokatorischen Zeichen der Gestalten vorgibt; es ist das Gefühl der eigenen Vergänglichkeit, wodurch das Gedächtnis mit seinem bergenden Wiedereinholen, welches Zuneigungen fortdauern und Verzweiflung zu Vorhersehungen werden läßt, in Bewegung gerät. In der Dichtung der *Terra Promessa* wird dieser Grenzbereich zwischen Liebe, Gedächtnis, Verwurzelung und Drama und, im Gegensatz hierzu, zwischen Schmerz, Illusion, Verlust und Einsamkeit aufgewiesen. Jeder Augenblick wird hier zum Beweggrund und zum Schiedsspruch: weit entfernt, bedeutungslos oder nur aufgesetzter Antrieb der Zeit zu sein, ist er, für sich genommen, die Wurzel von Zerstörung, von Vernichtung oder von neuer Existenz. Unvorhergesehen, ohne daß man sein Näherkommen bemerken könnte, geschieht es: Palinurus wird von einem plötzlichen, tödlichen Schlaf befallen; schon ist Didos Schönheit dahingewelkt.
Nur wenn man die Dinge in poetischer Weise ins Licht einer tödlichen Immanenz rückt (die nicht an sich, sondern in ihrer Zeitgebundenheit, im Widerschein des sicheren Verfalls geschaute Schönheit; die farbige Existenz und, in ihrem Schatten, im Hinterhalt, der Schatten des Todes; die Liebe und der Argwohn, die Unruhe, die quälende Angst, das geliebte Objekt könnte sich mit einem Mal entziehen; die Drohung des Herbstes im strahlenden Sommer): nur so kann man dem Gefühl eine unerschütterliche Existenz geben: in solchen Kadenzen, Gegenüberstellungen, Reflexionen, Befürchtungen. Von daher kommt das Zeitgefühl, das Gefühl für das Verrinnen der Stunde, für die Wunder des Himmels und seiner Nächte, von daher die bange Liebe für die Personen, von daher das melancholische, aber gleichwohl nahezu resignationslose Sich-Erziehen zum Abschied von dem, was der Existenz ihren Grund gab. So wird das Gefühl in dramatischer Weise projiziert.
Ungaretti gefällt sich darin, das Symbol der Vergänglichkeit darzustellen, allerdings weniger den Schmerz des Todes, als vielmehr das Religiöse, das in ihm liegt: das Wunder des Todes, jenen schicksalhaften Übergang, seine Kraft und Präsenz in jedem Leben (einem Leben, über welches die «Abwesenheit» die lebhaftesten Schatten ausbreitet: jene «Abwesenheit», die für Petrarca Quell aller poetischen Schwärmerei war).

5 Die zitierten Verse stammen aus den Gedichten 336, 335, 351, 366, 338, 18, 358, 350 u. 344 des *Canzoniere*. – Zur «Programmatik» des Verses «Em'è rimasa nel pensier la luce» [«Und im Gedenken ist mir das Licht geblieben», Sonett 18] cf. Ungarettis Petrarca-Aufsatz «Il poeta dell'oblio» (‹Der Dichter des Vergessens›) in Bd. 5 dieser Ausgabe. [Anm. d. Ü.]

DI PER ONA MORTA DIVENUTAMI CARA SENTENDONE PARLARE / VON EINER TOTEN PERSON DIE MIR LIEBGEWORDEN DA ICH VON IHR SPRECHEN HÖRTE

Elegia in morte di Ines Fila (März 1948): «A amarti solo nel ricordo»; *Pagine Nuove* II, fascicolo XII (1948): «Amarti solo nel ricordo»; frz. Ü.: J. Lescure, Ph. Jaccottet; dt. Ü.: P. Celan

Anm. Ungarettis (*Vita d'un uomo – Tutte le poesie* [1969], S. 566): «Es ist ein Gelegenheitsgedicht. Doch dieser Umstand hat nicht die geringste Bedeutung. Es handelt sich immer um das Thema der Vergangenheit, der Abwesenheit, Thema des Todes in Verbindung mit dem Dasein, und hier lebt die Wirklichkeit über das Gefühl wieder auf. Wir können zutiefst, das ist Zeichen von Menschlichkeit, nicht nur dahingegangene Menschen lieben, sondern dahingegangene Menschen, die wir niemals gekannt haben. Das Gefühl für den Bruch bleibt; doch wäre *La Terra Promessa* nicht der Gesang, der er ist, der Gesang einer zu Ende gegangenen Erfahrung, wenn ich mir des Bruchs nicht bewußt zu werden wünschte oder wüßte.»

Elegia, Pagine Nuove: V. 5: Rammemorato nella calma stanza ›Wiedererinnert im ruhigen Zimmer›

Elegia, Pagine Nuove: V. 7: Oh, bellezza flessuosa, ora è l'aprile ‹Oh, biegsame Schönheit, jetzt ist es April›

Elegia: V. 12–23: Sotto la fronte delicata / S'incantano i pensieri che ritrovi / Fra i famigliari oggetti, / E carezzevole la tua parola / Più viva fa la brevemente / Sofferenza assopita / Di chi t'amò e perdutamente / A amarti solo nel ricordo / Ora è punito.

‹Unter der zarten Stirn / Verzaubern sich die Gedanken die du wiederfindest / Unter den vertrauten Gegenständen, / Und liebkosend macht dein Wort / Lebendiger das kurz nur / Eingeschlummerte Leiden / Dessen der dich liebte und wahnsinnig / Dich zu lieben allein in der Erinnerung / Nun bestraft ist.›

Pagine Nuove: V. 12–23: Sotto la fronte delicata incantano / I tuoi pensieri che ritrovi / Fra i famigliari ogetti, ma / Carezzevole, la tua parola / Più a fondo fa tornare in vita / Il brevemente dolore assopito / Di chi t'amò e perdutamente / A amarti solo nel ricordo / Ora è punito.

‹Unter der zarten Stirn bezaubern / Deine Gedanken die du wiederfindest / Unter den vertrauten Gegenständen, doch / Liebkosend läßt dein Wort / Tiefer zurückkehren ins Leben / Den kurz nur eingeschlummerten Schmerz / Dessen der dich liebte und wahnsinnig / Dich zu lieben allein in der Erinnerung / Nun bestraft ist.›

CORI DESCRITTIVI DI STATI D'ANIMO DI DIDONE / CHÖRE ZU BESCHREIBEN DIDOS GEMÜTSZUSTÄNDE

Concilium Lithographicum 6 (Mai/Juni 1945): «‹Frammenti› per *La Terra Promessa*» (≙ Cori I und II wiedergegeben als Lithographie des Autographs mit den Korrekturen, die sich aus ihm ergeben); *Campi Elisi* 1 (Mai 1946): «La Terra Promessa» (≙ Cori I–III, mit der Widmung «a Giuseppe De Robertis» und folgender Vorbemerkung: «Toccata Enea la Terra promessa, tra le visioni della sua memoria che gli prefigureranno l'avvenire, si leveranno anche i cori seguenti, descrittivi di

stati d'animo di Didone.» ‹Nachdem Aeneas das verheißene Land berührt hat, werden sich zwischen den Visionen seines Gedächtnisses, die ihm die Zukunft vorausdeutend darstellen, auch die folgenden Chöre erheben, die Gemütszustände Didos beschreiben.›); *Inventario* I, 3/4 (1946/47): «La Terra Promessa ‹Frammenti›» (≙ Cori I–XII, mit der Widmung «a Giuseppe De Robertis»); *Smeraldo* 2 (Juli 1947): «La Terra Promessa» (≙ Cori XIII–XIX, mit einer zu der in *Campi Elisi* analogen Vorbemerkung und identischer Widmung; frz. Ü.: J. Lescure, Ph. Jaccottet; dt. Ü.: P. Celan
Anm. Ungarettis (*Vita d'un uomo – Tutte le poesie* [1969], S. 566): «Es sind 19 Chöre, die auf dramatische Weise die Trennung der letzten Schimmer von Jugend von einer Person beschreiben wollen, oder von einer Zivilisation, da auch die Zivilisationen geboren werden, wachsen, sich dem Ende zuneigen und sterben. Hier wollte sich die physische Erfahrung des Dramas Ausdruck geben, mit dem Wiedererscheinen glücklicher Augenblicke, mit traumverlorenen Ungewißheiten, aufgeschreckten Schamhaftigkeiten, inmitten des Delirierens einer Leidenschaft, die sich hütet unterzugehen und abstoßend, trostlos und wüst zu werden.»
Coro I: *Concilium Lithographicum:* Tra la fuga dell'ombra [Fra il ritrarsi dell'ombra] / In lontananza d'anni / Quando ancora non lacerano affanni / Il petto giovanile / Sorge desiderato / E con l'occhio allarmato / Aggravi incauta l'arrossito aprile / Dell'odorosa gota. / Scherno, pena solerte / Che rendi il tempo inerte / E la sua furia, lungamente nota, / – Il roso cuore, sgombra! / Ma dileguarsi può l'età da notte / Sopendo mute lotte?
‹Zwischen der Flucht des Schattens [Zwischen dem Zurückweichen des Schattens] / In der Ferne von Jahren / Wenn Kümmernisse noch nicht das Herz zerreißen / Erhebt sich die junge / Brust begehrt / Und mit dem aufgeschreckten Auge / Verschärfst du den erröteten April / Der duftigen Wange. / Hohn, rührige Strafe / Der du die Zeit träg machst / Und ihr Wüten, lange bekannt, / – Das zernagte Herz, räum's! / Doch kann sich lösen das Alter von Nacht / Besänftigend stumme Kämpfe?›
Campi Elisi: V. 3–8: (...) // L'allora, odi, puerile / Petto ergersi bramato / Tra la fuga dell'ombra, / E l'occhio tuo allarmato / Svelare il fuoco incauto dell'aprile / Dall'odorosa gota.
‹(...) // Da hörst du wie damals noch kindlich / Die Brust voll Verlangen sich reckt / Zwischen der Flucht des Schattens, / Und dein aufgeschrecktes Auge / Das unbedachte Feuer des Aprils enthüllt / Von der duftigen Wange.›
Coro II: *Concilium Lithographicum:* V. 4–8: Pare che all'infinito, affetto aggiunga. [Pare che l'infinito a sé congiunga] [Pare che all'infinito le ore aggiunga] [Pare che all'infinito il tempo aggiunga] [Pare che all'infinito l'ansia aggiunga] / Lunare allora apparve, ma si giacque, / Eco, perplessa al tremolìo dell'acque / Non so chi fu più vivo, / Il sussurìo sino all'ebbro rivo [Il mormorìo sino al fiammante rivo] [Il mormorìo sino al felice rivo] ‹Scheint dem Unendlichen Zuneigung hinzuzufügen. [Scheint das Unendliche sich zu verbinden] [Scheint dem Unendlichen die Stunden hinzuzufügen] [Scheint dem Unendlichen die Zeit hinzuzufügen] [Scheint dem Unendlichen das bange Sehnen hinzuzufügen] / Mondhaft erschien da, doch ruhte, / Echo, bestürzt vor dem Zittern der Wasser / Ich weiß nicht

wer lebendiger war, / Das Geflüster hin zum trunkenen Bach [Das Gemurmel hin zum flammenden Bach] [Das Gemurmel hin zum glücklichen Bach]›
Coro VI: *Inventario:* V. 3: E mutando in sé stesso ‹Und in sich selbst verwandelnd›
Coro XIV: *Smeraldo:* V. 6–15: Per patirne l'estraneo, amato orgoglio, / Sorte diversa chiederebbero / Ai tuoi torti gli sguardi tuoi / Che sono secchi e opachi, / Che più non hanno da sprizzare / Nemmeno un sol raggio, / Che sono secchi e opachi, / – Opachi, senza raggi.
‹Auszuhalten ihren fremden, geliebten Stolz, / bäten um anderes Los / Dein eigenes Unrecht deine Blicke / Die trocken und verschattet sind, / Die nicht mehr zu versprühen haben / Nicht einmal einen einzigen Strahl, / Die trocken und verschattet sind, / – Verschattet, strahllos.›
Coro XVI: *Smeraldo:* V. 3–6: E si stendeva la notte / A sospirar di sfumare in prato, / E a prime dorature ti sfrangiavi.
‹Und sich ausstreckte die Nacht / Zu seufzen zu verrauchen in der Wiese, / Und bei ersten Vergoldungen franstest du dich aus.›
Coro XVII: *Smeraldo:* V. 3–6: Colle piume fugaci / Un'Affrica di sabbia / Ombreggiando a distratte strie, / Ravviveresti forse?
‹Mit den flüchtigen Federn / Ein Afrika von Sand / Schattierend mit zerstreuten Streifen, / Wiederbelebtest du vielleicht?›
Coro XVIII: *Smeraldo:* V. 1: Lasciò i campi alle spighe l'ira nudi,
‹Es ließ die Felder den Ähren der Zorn nackt,›
V. 4: Ardee cineree vede solo errare
‹Aschfarbene Reiher nur sieht sie umherirren›
V. 9–14: La fama che le resta / S'estende per fetori, / E in sé più non contiene / Se non le paralitiche / Forme della viltà / Se uno ai gridi sgradevoli la guardi.
‹Der Ruhm der dir bleibt / Breitet sich aus durch Gestank, / Und in sich enthält er nicht mehr / Als die paralytischen / Formen der Feigheit / Wenn einer bei den widerlichen Schreien ihn anschaue.›

RECITATIVO DI PALINURO / REZITATIV DES PALINURUS

Poesia 7 (Juni 1947); frz. Ü.: J. Lescure; dt. Ü.: P. Celan
Anm. Ungarettis (*Vita d'un uomo – Tutte le poesie* [1969], S. 566/67):
«Ruft die Episode von Palinurus wieder wach, wie die *Aeneis* sie uns zeigt. Die *Aeneis* ist immer präsent in *La Terra Promessa*, und mit den Orten, die die ihren sind. Der Felsen von Palinurus, fast vor Elea, nach Pesto, ist jener ins Riesenhafte gewachsene Felsen, in dem die verzweifelte Treue Palinurus' Gestalt durch die Jahrhunderte gefunden hat. Die meine ist eine Erzählung, eine Komposition mit narrativem Ton. Am Ruder seines Schiffes fährt Palinurus inmitten der Raserei entfesselt von dem Unternehmen, an dem er teilnimmt, das tolle Unternehmen, einen harmonischen, glücklichen, friedvollen Ort zu erreichen: *ein unschuldiges Land*, sagte ich einst.
Die erste Sestine setzt ein, als, während der Orkan, entfacht von den Leidenschaften, auf dem Höhepunkt seiner Raserei ist, man nicht hört, wie sich naht mit seinen Lockungen, der kief, wie meine lieben Araber

sagen würden, der ersehnte Schlummer, gekostet in den Mußestunden, der einschläfernde Genuß der Mußestunden.
Die zweite Sestine erzählt den körperlichen Widerstand gegen die Verführungen des Traums und zeigt, wie Angriff und Widerstand geschehen, und die Zartheit des Angriffs

nur in Einklang bringend mit Mattigkeiten Wellen...

Die dritte Sestine zeigt zwischen Schmeicheleien des Traums und den Umwälzungen der Handlung, die miteinander abwechseln, die Ratlosigkeit von Palinurus.
In der vierten Sestine scheinen Traum und Wissen – das Wissen ist die Handlung in ihrem vortrefflichsten Wirken – Traum und Wissen sich verbündend unaussprechliche Stunden miteinander zu verschlingen; doch Palinurus bemerkt, als jenes Bündnis ihm vertraut wird, daß auch dies ihn korrumpiert und zerfrißt; und erschöpft fällt er vom Schiff.
Die fünfte Sestine ist die Sestine des verzweifelten Kampfes von Palinurus, der sein zerborstenes Schiff verfolgt, immer in der Gewalt seiner beiden Feinde und treu, verzweifelt treu dem Verheißenen Land.
Die sechste Sestine und die abschließende Terzine erzählen verzweifelt die Verwandlung von Palinurus in die ironische Unsterblichkeit eines Steins. Wie in meiner alten Hymne «La pietà», zeigt der Schluß uns einen Stein, um hinzuweisen auf die Vergeblichkeit von allem, von Anstrengungen, von Verlockungen: von allem, was abhängt vom armseligen irdischen geschichtlichen Leben des Menschen.»
Poesia: 4. Sestine, V. 19–23: D'àugure l'occhio allora sciolse emblema; / Di me infuncò le siderali onde; / Crebbe di scienza l'ansietà mortale; / Per virginee arti, un angelo fu in sonno, / E tarlo, al bacio in cuore, ancora in furia;
‹Eines Augurs löste das Auge darauf Emblem; / Setzte aus mir in Brand die Sternenwellen; / Es wuchs vor Wissen die tödliche Angst; / War, durch jungfräuliche Künste, Engel im Schlaf, / Und nagender Wurm, beim Kuß im Herzen, noch in Raserei;›

VARIAZIONI SU NULLA / VARIATIONEN ÜBER NICHTS

La Fiera Letteraria (24. 10. 1948); frz. Ü.: J. Lescure, Ph. Jaccottet; dt. Ü.: P. Celan
In *La Fiera Letteraria* trägt das Gedicht die Widmung «per Leone Piccioni».
Anm. Ungarettis (*Vita d'un uomo – Tutte le poesie* [1969], S. 567): «Das Thema ist die irdische Zeitspanne über die Einmaligkeit der Menschen hinaus. Nichts anderes als eine körperlose Uhr, die allein, in der Leere, fortfährt, die Minuten tröpfeln zu lassen.»
Zu Anklängen an D'Annunzio in diesem Gedicht cf. Donatella Marchi, «La citazione dannunziana in Variazioni su nulla», in: *Atti del Convegno Internazionale su Giuseppe Ungaretti*, Urbino (4venti) 1981, Bd. 2, S. 1111 bis 1114.

SEGRETO DEL POETA/GEHEIMNIS DES DICHTERS
Almanacco del Cartiglio (1953): «Vattene, sole, lasciami sognare»; *La Fiera Letteraria* (1.11.1953): «Giorno per giorno»; fr. Ü.: J. Lescure, Ph. Jaccottet; dt. Ü.: P. Celan, Friedhelm Kemp, in: *Akzente* 6 (1984), S. 531
Anm. Ungarettis (*Vita d'un uomo – Tutte le poesie* [1969], S. 567): «Kürzlich entstandenes Gedicht, Anfang 1953, verbindet sich mit dem Gesang des *Dolore*: ‹Giorno per giorno›. Der Leser, der nicht ohne Scharfsinn ist, wird verstehen, warum der Autor es in das Buch aufnimmt und darin seine innerste Hoffnung einfügt.»
Almanacco del Cartiglio: VATTENE, SOLE, LASCIAMI SOGNARE – Solo ho amico la notte. / Si può trascorrere con essa sempre / D'attimo in attimo, non vanità d'ore, / Ma il tempo cui trasmetto il palpito / A mio talento, senza distrazioni. / Tornata a farsi chiara allora sento / La speranza immutabile / Che riattiva in me fuoco / Luce ridando a quei terreni gesti / Che immortali parvero / E tanto li ebbi cari / E non potrò mai crederli spariti.
‹GEH FORT, SONNE, LASS MICH TRÄUMEN – Die Nacht nur hab ich zur Freundin. / Mit ihr kann man immer durchmessen / Von Augenblick zu Augenblick nicht leere Stunden, / Sondern die Zeit der ich meinen Herzschlag aufdrück / Nach meinem Talent, ohne Ablenkungen. / Zurückgekehrt sich hell zu machen fühle ich da / Die unwandelbare Hoffnung / Die wieder entfacht in mir Feuer / Licht zurückgebend jenen irdischen Gesten / Die unsterblich schienen / Und so sehr hatte ich sie lieb / Und werde nie sie verschwunden glauben können.›
La Fiera Letteraria: V. 7–13: (...) / La speranza immutabile, / Mentre da ombre riprende a farsi chiara, / Che rianima in un fuoco e nel silenzio / Pietosa restituisce, / Ai tuoi gesti terreni / Talmente amati che immortali parvero, / Luce.
‹Die unwandelbare Hoffnung, / Während aus Schatten sie sich wieder hell machen will, / Die wiederbelebt in einem Feuer und in der Stille / Barmherzig zurückgibt, / Deinen irdischen Gesten / So sehr geliebt daß sie unsterblich schienen, / Licht.›

FINALE/FINALE
La Fiera Letteraria (30.1.1949): «Coro di Ondine»; frz. Ü.: J. Lescure, Ph. Jaccottet; dt. Ü.: I. Bachmann, P. Celan, M. Marschall v. Bieberstein
In *La Fiera Letteraria* trägt das Gedicht die Widmung «a Giuseppe De Robertis».
Anm. Ungarettis (*Vita d'un uomo – Tutte le poesie* [1969], S. 567): «Evoziert jene Einsamkeit und jene Wüste, die, wenn man Rechenschaft ablegt, alles in allem, die materiellen Dinge sind.»

UN GRIDO E PAESAGGI

Chronologische Bibliographie zu *Un Grido e paesaggi* (Zeitschriften, Anthologien, Ausgaben)

Pirelli II, 1 (Januar 1949):
«Boschetti di cahusù» (≙ «Semantica»)
Inventario II, 2 (Sommer 1949):
«Giorno per giorno» (≙ «Gridasti: Soffoco»)
Il Popolo (Rom, 12. Januar 1950):
«Gridasti: Soffoco»
Gridasti: Soffoco..., con cinque disegni di Léo Maillet, Milano (Fiumara) 1951
L'Approdo I, 1 (Januar–März 1952):
«Febbraio» (≙ «Monologhetto»)
Paragone III, 26 (Firenze, Februar 1952):
«Abbozzo di monologhetto sopra paesaggi di febbraio» (≙ «Monologhetto»)
Alfabeto (15.–31. März 1952):
«Semantica»
L'Approdo I, 3 (Juli–September 1952):
«Svaghi»
Pubblicazione ufficiale del Premio Viareggio (August 1952):
«Svaghi»
Giuseppe Ungaretti, *Un Grido e Paesaggi*, con uno studio di Piero Bigongiari e cinque disegni di Giorgio Morandi, Milano (Schwarz) 1952 (350 numerierte Exemplare)
Giuseppe Ungaretti, *Les cinq livres*, texte français établi par l'Auteur et Jean Lescure, Paris (Minuit) 1953, S. 297–326: *Un cri et des paysages*
Giuseppe Ungaretti, *Vita d'un uomo* 6, *Poesie* VI *Un Grido e Paesaggi* 1939–1952, con uno studio di Piero Bigongiari, Milano (Mondadori) 1954 *(Lo Specchio – I poeti del nostro tempo)*
Giuseppe Ungaretti, *Vita d'un uomo – Tutte le poesie*, a cura di Leone Piccioni, Milano (Mondadori) 1969 *(I Meridiani)*: *Un Grido e Paesaggi* S. 255–269; Varianti a cura di Mario Diacono S. 805–822
Giuseppe Ungaretti, *Vie d'un homme – Poésie 1914–1970*, traduit de l'italien par Philippe Jaccottet, Pierre Jean Jouve, Jean Lescure, André Pieyre de Mandiargues, Francis Ponge et Armand Robin, préface de Philippe Jaccottet, Paris (Editions de Minuit/Gallimard) 1973, S. 271–286 (auch als Taschenbuch in der Collection *Poésie* 147, S. 257–275). Übersetzung von Philippe Jaccottet («Petit monologue», «Tu as crié: j'étouffe») und Jean Lescure («Divertissements», «Sémantique»)
Giuseppe Ungaretti, *Vita d'un uomo – 106 poesie 1914–1960*, introduzione di Giovanni Raboni, Milano (Mondadori) 1985 (*Gli Oscar Poesia* 9), S. 195–220 (enthält aus «Svaghi» nur die Gedichte «Volarono», «Saltellano»)
Per conoscere Ungaretti, Antologia delle opere a cura di Leone Piccioni, Milano (Mondadori) 1986 (*Gli Oscar Poesia* 20), S. 185–192 (enthält nicht: «Svaghi»)

MONOLOGHETTO / KLEINER MONOLOG

L'Approdo I, 1 (Jan.–März 1952): «Febbraio»; *Paragone* III, 26 (Febr. 1952): «Abbozzo di monologhetto sopra paesaggi di febbraio»; frz. Ü.: J. Lescure, Ph. Jaccottet

Ende 1951 bat die RAI Ungaretti für ihr drittes Programm, über «seinen» Monat, den Februar, zu sprechen. So entstand der «Monologhetto», der Neujahr gesendet wurde.

Die «Neptunia» ist das Schiff, das Ungaretti 1936 nach Brasilien brachte.

Tantù lieta è la sua sorte... (korsisch): ‹Sein Los ist ebenso heiter wie das meine düster ist.›

Sulìa, umbrìa, umbrìa (korsisch): «Sonnenaufgang, Sonnenuntergang, Sonnenuntergang›

Ironia, ironia... (brasilianisches Lied): ‹Ironie, Ironie war alles, was er sagte.›

Piero Bigongiari

Über die Autographen des «Monologhetto»

I

Der «Monologhetto», entstanden wie Prosa und entstanden in Prosa, verliert nach und nach, indem er sich im Kreisen des Geistes seiner ursprünglichen Intention entkleidet, seine Prosaakzente, nicht jedoch jenes Gefühl für geistige Länge, das auch in seiner letzten Fassung sichtbar ist. Die augenfällige Spur, seine Geburt, hat er in dem Eindruck lockeren Erzählens zurückgelassen, der das Emporschnellen der Bilder begleitet, die intentional in einer eher wirklichen als lyrischen Zeit verknüpft sind. Das, was dem Dichter in der Wiederkehr dieser Zeit widerfahren ist, zerbröckelt, durch eine Art von Konvergenz, die sich aus einer grundlegenden Rekapitulation des eigenen Lebens ergibt, längs einer Linie, die, für sich genommen, nur praktisch ist, von einer Linie aus, die sozusagen bequem zu handhaben ist. Diese Zeit, der Februar, wird abergläubisch als *punctum dolens* der Zeit gesehen («ich bin, im Februar, auf die Wechselfälle des Lebens / Mehr als in den anderen Monaten wachsam»): einer persönlichen Zeit, von Geburt an vorhergesagt («Und auch ich wurde in diesem Monat geboren»): nun, und die Perlen dieses zeitlichen Rosenkranzes sind die «Halte» «Meines langen Aufenthalts auf Erden»: die Wiederkehr der Zeit in dieser abergläubischen Übereinkunft gibt dem Dichter die Möglichkeit, diese Zeit von sich selbst bewohnt zu sehen, sich selbst folglich längs dieser Lotlinie ausgestreut zu sehen, bis er sich in einer Art tragisch fröhlichen Taumels verliert, der sich mit dem brasilianischen Karneval identifiziert. Dies muß man sich klarmachen, um ein solches Gedicht zu verstehen, das in gewisser Weise aus dem festgelegten Kurs der ungarettischen Lyrik herausfällt: die Zufälligkeit des ursprünglichen Anlasses hat seinen Rhythmus und seine Struktur bestimmt. Solange es dem Dichter nicht gelungen war, diese anfängliche Zufälligkeit zu überwinden, konnte das Gedicht, wenngleich bereits angelegt in den aufeinanderfolgenden Bildern, nicht zur Welt kommen. Und hier hat

Ungaretti in gewisser Weise *à rebours* den Lauf seiner poetischen Ader zurückverfolgt. Die «Zeit», für die er uns in seinem zentralen Buch das «Gefühl» gegeben hat, existiert hier nicht mehr, eben gerade weil sie eine vorgegebene Zeit ist; und nun hat er von dieser praktischen Zeit mit einem Mal die Vorstellung gleichsam einer «Leere» («In jener Leere die von Natur aus / Jedes Jahr im Februar sich einstellt»): und die «Leere», dieses Luftloch der Zeit, dieser Strudel, der wirbelnd seinen Grund sucht, gibt durch aufeinanderfolgende, sich spiegelnde Bilder – es ist das Gedächtnis, gedrängt, Zentrum zu werden nicht in sich selbst, ganz und gar abgetrennt von den Bildern, sondern eben gerade in den Bildern, die sich neu ordnen –, die Leere gibt, eher implizit als explizit, die Vorstellung vom brasilianischen Karneval, und von der Maske, ja, von «allen Masken» («Dichter, Dichter, wir haben uns / Alle Masken aufgesetzt»). Es ist eine illusorische Zeit, die nur von schmerzlicher Erinnerung lebt, welcher der Dichter sich überlassen hat vor Ungeduld, der Leere zu entkommen: und die Leere drängt sich um so mehr um diesen Kern von Illusion zusammen: das Gedicht strudelt in seinen aufeinanderfolgenden Bildern, die es nicht anhalten, da sie es nicht abschließen; glänzend, ausgebreitet, schäumender jedoch lassen sie seinen Grund ahnen: die konkrete Zeit, die bis zu ihren Ursprüngen zurückgegangen ist. Nachdem die Weissagungen und «der Mond der Amulette» einen Schimmer vom Paradies vermittelt haben («Adams und Evas gedenken sie / Abgestumpft in ihrem irdischen Los»), scheitert der magische Versuch. Es kehrt die Erde, zurückgewonnen in Ägypten, angesichts der Worte, die der «schäumende Mund» der Araberin ausspricht, mit ihrem ganzen Gewicht zurück; es kehrt die Geschichte mitten in die abergläubische Illusion zurück; es kehrt die Mutter zurück, um die Unendlichkeit der Erde zu bezeugen, die durch Zauber nicht bezwungen werden kann. Und die Mutter bringt, in dieser «leeren» Zeit, die im Begriff war, die vom Aberglauben bezeugten Ungeheuer hervorzubringen, «Kindheit» zurück und öffnet sie neu. Und die «vergebliche» «irgendeine Phantasie» findet Ruhe in den Träumen der Kinder. Der Dichter hat es erreicht, den Grund des Strudels undeutlich zu erkennen. Dort entdeckt dieser allerletzte Ungaretti, bewußt, den Ungaretti des *Sentimento del Tempo* wieder:

Doch warum ist Kindheit
Sofort Erinnerung?

Und im «Blitz der Luftspiegelungen» hebt die Zeit des Kalenders sich auf: wieder ist, zurückgewonnen, gefühlt, die der Zeit aufgezwungene ZEIT da. Bevor sich in der «Leere» («wie durch eine Leere») umherwirbelnd die chronologische Zeit entleert, und letztlich die «Erzählung» dieses Gedichts, waren die temporalen, chronologischen Zuordnungen unbewußt noch den Präzisierungen der narrativ-gnomischen Prosa unterworfen; das historische Imperfekt hielt, während der Ausarbeitung des Gedichts, die Proportionen der verschiedenen Momente, die sich präzisierten, in einer zeitlichen Dauer und einem zeitlichen Hintergrund: Momente, die sich in Visionen verwandeln werden, «wie durch eine Leere», die sie aufsaugt und in einer illusorischen Proportion, in ihrem authentischen Ausmaß ausstößt. So sind beispielsweise auf einem Blatt mitten zwischen denen, auf denen das Motiv «Sotto le scorze» (‹Unter den Rinden›) ausgearbeitet wird, neben den Imperfekten die Wendungen «in quel mentre» (‹in jenem Augenblick›), «un anno prima» (‹ein Jahr zuvor›) (was in einer unmittelbar darauffolgenden Fassung, durch Annäherung an jene gesuchte ideale Simultaneität, zu «alla stess'ora» ‹zur selben Stunde› werden wird), «Fu allora che» (‹Da geschah es daß›) etc. auffällig.

«Sotto le scorze tutti gli uomini si risentono e premono alle punte deli-

rando già di gemme; l'inverno s'è turbato nel suo sonno, e, motivo dando

d'essere corto al Febbraio, e lunatico – non è più squallido, nel suo se-

greto almeno. Sui ceppi, in quel mentre, del pruneto, per la Maremma
s'udiva
dimoiava e, qua e là spargersi udivi di volatili in cova, bisbigli. Oppure,

da Manfredonia a Foggia correndo, *l'auto* con i suoi fari l'auto svegliava
a Vivario chiusi
negli stabbi, i redi. Sui monti corsi un anno prima, ⋎ sotto il lume a pe-
nella stanza, gli uomini morsicando la
trolio *a Vivario chiusi* a veglia vicino al fuoco, *gli uomini fumando a pipa*, con
tanti
le barbe bianche *sulle* sopra le mani appoggiate sui bastoni, *ascoltavano*
morsicando la pipa morsicando la pipa ascoltavano
Ors'Antone ⋎ cantare, accompagnato dalla rivergola, vibrante d'un
ragazzo
suono *carezzevole e* remoto tra i denti del *giovine* Ghiuvanni;

Tantu lieta è la sua sorte

Quantu torbida è la mia.
s'infittì *a e gorgogli*
Fu allora che di fuori *crebbe* uno scalpiccio frammischiato[1] e urla ⋎ di
portati
maiali *che portavano* a scannare, *che* scannati;

si era di carnevale.
tre scaglionati declivio sul declivio
Lasciati dietro *i* minuscoli paesi, *scendevano sul declivio a scala*, in tetti rossi
le *più vec* e, le più vecchie, grige, coperte di
di tegole case più recenti e *grigi* di lavagna le più vecchie attraverso la
lavagna,
foresta di Vizzavona, senza verdene *dei* dei larici che i tronchi, a più di

1 Das Wort ist später hinzugefügt worden.

[mille metri?] d'altezza si sta per passare dall'altra parte dei monti

l'autista ripete: Sulia Umbria, banda di qua, banda di là, parte del sole,

parte dell'ombra, e la macchina andava su due metri di strada, ghiacciata,
a
su due c strapiombo sul precipizio. Il cielo era di zaffiro puro, il colore di

questo mese, il colore della speranza. S'intirizziva, ma il mare d'Ajaccio

quando fu in vista, buio, tratteneva chissà quale ruggito.

[‹Unter den Rinden kommen alle Menschen wieder zu sich und drängen

an den Spitzen, delirierend schon vor Knospen; der Winter hat sich ver-

wirrt in seinem Schlaf, und, Grund gebend, kurz zu sein, dem Februar,

und launenhaft – ist er nicht mehr bleich, in seinem Innersten zumindest.

Auf den Strünken, in jenem Augenblick, des Dorngestrüpps taute es in
hörte man
der Maremma und, hier und da, hörtest du von brütenden Vögeln Wis-

pern. Oder, von Manfredonia nach Foggia brausend, *das Auto* mit seinen

Scheinwerfern weckte das Auto in den Pferchen die Kälber. Auf den kor-
in Vivario eingeschlossen im Zimmer,
sischen Bergen ein Jahr zuvor, ⋎ unter der Petroleumlampe *in Vivario*
die Männer kauend die
eingeschlossen wachend beim Feuer, *die Männer Pfeife rauchend*, die weißen
so viele die Pfeife kauend
Bärte *auf* über den Händen gestützt auf die Stöcke, *lauschten* Ors'Antone
die Pfeife kauend lauschten
⋎ beim Singen, begleitet von der Maultrommel, vibrierend mit *lieb-*
Jungen
kosendem und weit entrücktem Klang zwischen den Zähnen des *jungen*

Ghiuvanni;

Sein Los ist ebenso heiter

Wie das meine düster ist.

sich verdichtete mit und Grunzen
Da geschah es, daß draußen *anwuchs* ein Trampeln vermischt und ⋎ Brül-

geführt
len von Schweinen, *die man führte* zum Schlachten, *die* geschlachtet;

es war Karneval.

drei gestaffelt Abhang
Hinter sich lassend *die* winzigen Dörfer, *zogen sich auf dem Abhang* in Stu-
auf dem Abhang die älte und, die älteren,
fen *hinab*, in roten Ziegeldächern neuere Häuser und *grau* von Schiefer die
grau, schiefergedeckt,
älteren durch den Wald von Vizzavona, ohne zu sehen *von den* von den

Lärchen etwas anderes als die Stämme, in mehr als (tausend Metern?)

Höhe fährt man auf die andere Seite der Berge der Fahrer wiederholt:

Sonnenuntergang, Sonnenaufgang, Gegend hier, Gegend dort, Seite der

Sonne, Seite des Schattens, und der Wagen fuhr auf zwei Meter Straße,
zu
vereist, *auf zwei* Felsvorsprung über dem Abgrund. Der Himmel war von

reinem Saphir, der Farbe dieses Monats, der Farbe der Hoffnung. Er er-

starrte, doch das Meer von Ajaccio, als es in Sicht war, dunkel, hielt zu-

rück wer weiß welch Brüllen.›]

Und auf einem anderen Blatt verwandelt sich dieses vom Meer zurückgehaltene Brüllen in das Heulen eines Bauchredners. Auf dem rechten Rand des Blattes, sofort neben den ersten Zeilen, finden wir, eines über dem anderen, drei äußerst flüchtig hingeworfene Wörter: «smanie – sortilegi – pronostici» (‹Rasereien – Zauberkünste – Voraussagen›), dort notiert quasi, um im Geist wach zu halten, daß es sich nicht, auch nicht in der ersten Schraffur der Verwirrung des Schlafs, um ein argloses Erwachen handelt, sondern um das Erwachen eines Geheimnisses, das zu einer, in ihrem Sich-Aufplustern, kurzen und launenhaften Zeit führt. Wörter, wie es scheint, eingeflüstert von dem «Wispern» «von brütenden Vögeln», vom Tauen etc., vom ganzen geheimen Geflüster um das Mysterium des Geborenwerdens: das uns fast jenes «Verfolgen / Von Echos von vor aller Geburt» aus der «Legende» des «Capitano» im *Sentimento* zurückbringt; sie haben, jene Stimmen, die dunkle Zweideutigkeit der Voraussagen, der Zauberkünste, der Raserei: es ist ein Geborenwerden zur Zeit, ein Geborenwerden zur Täuschung. Im «Monologhetto» ist also, wenn ich es so vereinfacht sagen darf, ein Ungaretti auf der Suche nach einem wiederauflebenden *Sentimento del Tempo* einem visionären Ungaretti der *Allegria* entgegengegangen, doch ohne jene schmerzliche unmittelbare Freude: die These und die Antithese sind nicht aufleuchtend in einer unmittelbaren Synthese verschmolzen (der Stimme des *Dolore*, der gebrochenen Stimme des lyrischen Tagebuchs): der Dichter hat die Daten der Synthese auf analytischem Weg erreichen wollen, indem er die «Momente» des *Dolore* anfänglich mit dem Geist des Historikers der eigenen Geschichte besucht. Hier gibt es, kurz gesagt, eine Distanz zu der geschlossenen Zeit in ihrer verwesenden Raserei. Es hat sich hier, auch in der wiedergefundenen Glut, die Vokalität der *Allegria* verwandelt; eine Vokalität, die sehr wohl Zerlegung des Elfsilbers in seine rhythmischen Bestandteile war, vor allem jedoch das atemlose Sich-Aufstützen der Stimme in der erleuchteten Entdeckung des Bildes, seiner tröpfelnden Eroberung: ein Sich-zu-eigen-Machen der Welt, ein Sich-seiner-Bemächtigen, das von jenem Sich-Ausbreiten der «Freude» war. Hier ist über die «fröhlichen» Sinne das Gedächtnis gezogen: das «Zeitgefühl» hat jene räumliche Dimension, in der sich das Fühlen des frühen Ungaretti ausbreitete, in eine zeitliche Dimension überführt. Der Raum, im Grunde die Landschaft, ist nichts als die Projektion der Zeit auf eine Ebene, die die nun tragische «Freude» des Dichters durchlaufen kann: eine pathetische Gleichung. Entblößt von den «Schreien» des *Schmerzes* verkörpert die Stimme sich in den Dimensionen selbst der Phantasie: sie hat Brüche, Aufschwünge, letztlich jedoch dringt sie ruhig und weitblickend, mit ihrem Willen, Geschichte zu machen, in die «Landschaften», die überwacht und gleichsam getrübt sind, heimgesucht von jenem Schrei: letzter, tragischer, menschlicher Schrei, der durch das dahingeraffte Kind den Dichter dem räuberischen Tod entgegenschleudert, wenn auch mit der Stimme des Sohnes: in der streng poetischen Ökonomie des Buches, scheint sie das Echo selbst des entsetzlichen Raubes; sie läuft über die «Landschaften» und erleuchtet sie wie ein Meteor. Überaus menschliche Qual, durch das, was im «Monologhetto» nicht gesagt werden konnte («davon zu sprechen ist hier nicht der Ort»), scheint wieder aufzublühen und sich aus diesem verschwiegenen «Moment» über den ganzen «Monologhetto» auszubreiten, dieser Schrei, einzig jetzt («ein Schrei»), da geisterhaft, mit der Zeit verschmolzen, Element auch er von nun an jener Landschaften, die eine Kraft der Anlage à la 15. Jahrhundert, einen atmosphärischen Glanz à la 15. Jahrhundert haben. Wie fern jener Ungaretti, auch im Ungestüm, vom Barock der großen Hymnen des *Dolore*. Der, außerhalb seines reinen Wesens, wie ein Erdbeben auch den sprachlichen ungarettischen Boden erschüttert hat. Das barocke Ungestüm strömt zurück mit seinen Voluten gerade dort, wo «stumm ist die Zeit»: jetzt offenbart sich das Leben als «ein Fels von Schreien»: und jetzt übertreibt und deliriert in einem nicht widerstandsfähigen und daher wahrnehmbaren «Medium» die Phantasie. Und von hier aus, d.h. von diesem Mangel an Widerstandsfähigkeit her, ist es gewiß, daß die ungarettische Phantasie sich dramatisiert hat, die von sich aus objektiv ist: und hier liegt die erste Wurzel der *Terra Promessa*, in diesem erschütterten und subjektiv gewordenen Boden, unbewußt folglich zu Gestalten geführt, in denen er eine wenn auch dramatische Objektivität zurückgewinnen kann. So wie, auf sprachlicher Ebene, die Sprache, einer nicht kompensierten Spannung unterworfen, ihre größte barocke Verrenkung gerade in den Hymnen des *Dolore* erfährt, die sich in einer auf schmerzliche Weise stummen, die Ant-

wort verweigernden Zeit schüren. Im Vergleich dazu haben die großen Hymnen des *Sentimento* eine klassische Gemessenheit, repräsentieren nur eine aktive Phase der Zeit: es ist die Zeit, die aufgestiegen ist zu mythischer Bezeugung von Sünde und Erlösung: die «letzten Lippen» der Zeit verkörpern eine Gestalt ohne Gesicht, doch absolut nicht metaphorisch, ja sogar von einer Konkretheit, die keinerlei sprachliche Verdoppelung zuläßt. Diesseits des *Dolore*, jenseits der unvollendeten *Terra Promessa*, die ein Land des Geistes ist und von geistiger, dramatischer Konstruktion, hat Ungaretti das Land gefunden, das Land seiner eigenen Geschichte, wo visionär der Mythos seiner selbst in Umlauf ist: mit jenem «Tag für Tag» des *Dolore* verbundenes Land: beruhigte Fortsetzung im zeitlichen Raum, von jener delirierenden Zeit.
Wir haben gesehen, wonach diese ungarettische «Geschichte» trachtete: nach welchem *effacement* wieder zum Leben erwachter Bilder, um sie in Gefahr zu bringen in der dichten Zeit, die sie nährt und sie zersetzt mit ihrer eigenen Verwesung. Hier scheint die nur von schmerzlicher Erinnerung lebende Illusion sich von der schmerzlichen Erinnerung zu befreien, nicht mehr durch die Kraft selbst der schöpferischen Illusion, wie im *Sentimento del Tempo*, sondern durch die Erhabenheit und den Eigensinn und das ausgebreitete Bekenntnis der schmerzlichen Erinnerung. Wir glauben, daß dieses Gedicht, trotz seines – anfänglich – so zufälligen Anlasses, in der Ader des *Dolore* ein düsteres Heilmittel bringen wird. Nicht umsonst werden hier «eine Geburt / Und ein Abschied» lediglich gestreift: und dort, im *Dolore*, hatten diese ihr Lager aufgeschlagen.
Im «Segreto del poeta» (‹Geheimnis des Dichters›) (jetzt in der *Terra Promessa*), dessen Ausarbeitung sich von Dezember 1952 bis Januar 1954 erstreckt, bewahrheiten sich unsere Vermutungen: wenn «die unwandelbare Hoffnung», die «aus Schatten sich wieder hell machen will», «barmherzig zurückgibt» «Licht» jenen «irdischen Gesten». Äußerst genauer Durchgangsort, diese Verse, dadurch daß sie die Zukunft aufbewahren werden, und x-te Bestätigung, daß diese letzte «Freude» ein unauflösliches Bündnis mit dem «Schmerz» geschlossen hat. Wir sehen von ferne, daß das, was «Freude» war, und das, was «Schmerz» war, die beiden Schalen der Waage, gehalten und getrennt vom «Zeitgefühl», jetzt ihr Feuer verschmolzen haben und nicht mehr allein sein werden, um Zukunft und Vergangenheit in einer Gegenwart zu wiegen, die nun ebenso «Zukunft» wie auch «Vergangenheit» ist. Barmherziges Geschenk der Liebe, die «Gegenwart»: und jetzt schienen, und sind, diese irdischen Gesten unsterblich, da «so sehr geliebt»: jetzt behauptet sich die Ewigkeit des menschlichen Fühlens inmitten des objektiven Fallens der Träume und der Phantasien. Träume und Phantasien fallen mit dem gleichen ausgegangenen und erstickten Feuer, mit dem in der *Terra Promessa* die dramatische Absicht in der lyrischen Schicht fällt, die sie am Ende der Parabel empfängt. «Der Kapitän» sagte im *Sentimento del Tempo*: «Hast du Geheimnisse, Nacht, hast du Erbarmen»: jetzt, nach dem *Dolore* meine ich, erfindet und übermittelt, dadurch, daß er behauptet, von der Poetik der Leidenschaft überzeugt zu sein, der Dichter, sein Pathos selbst diese letzte, außergewöhnliche «Zeit» der Freundin Nacht. Nicht mehr die Nacht hat Geheimnisse, sondern die Seele des Dichters, und unaus-

sprechliche von nun an, der Zeit anzuvertrauen. Und jetzt gibt die Hoffnung, barmherzig, Licht zurück. Dies ist die höchste Neuheit des letzten Ungaretti: wodurch die Phase des *Sentimento del Tempo* sich im Grunde fast als eine objektive, mythologische und, wenn ich mich so ausdrücken darf, «wissenschaftliche» Phase herausstellt; jetzt, nach der mit der *Terra Promessa* erfundenen dramatischen Zeit, hat der Dichter ein neues Zeitgefühl zur Verfügung, ein übertragenes Gefühl: der subjektiven Zeit, meine ich, in der er das *secretum* des Gesprächs mit sich selbst grundiert. Der *Sentimento del Tempo* stellt sich im Vergleich als eine aktive Phase heraus: «Auf dem Hügel verbrenne ich Raum und Zeit», und folglich als eine sagenhafte; ihr gegenüber sind die letzten Worte ganz und gar fügsam, entkörpert: Vorwände, reine Erscheinungen, Flammen, die kaum umzüngeln, was sie am Brennen hält. Nachdem die Legende in der *Terra Promessa* zum Drama aufgestiegen ist und sich auf diese Weise geläutert hat, ist jetzt nur eine einzige Legende geblieben: diejenige von sich selbst, in der Zeit und Raum sich qualifizieren, indem sie ihre Attribute tragen und austauschen, ohne Schlacken, da sie sich wie Reflexe im Inneren der Seele selbst entwickeln: sie berühren sie mit ihrem Licht, nur um ihr unendliches Existieren, ihre unendliche Möglichkeit zu beweisen.
Um zu unserem Fall zurückzukehren, diese Punkt für Punkt überwundene Zufälligkeit des Anlasses des «Monologhetto» befreit den Dichter von einer Hingabe an die von den Erinnerungen bezwungene Zeit («Das Erinnern ist von Alter des Zeichen»): das Kind, dem nachgetrauert wird, das jedoch mit bitterer Distanz am Ende des langen Monologs zurückgewonnen wird, ist das bestürzte Zeichen einer unerkennbaren, aber wiedererkannten Rückkehr zu sich selbst durch «irgendeine Phantasie / Die ebenfalls vergeblich sein wird». Vergeblichkeit der Rückkehr, doch Notwendigkeit der Rückkehr. Und im reinen Aussprechen eines universalen Gesetzes scheint das Gedicht Ungarettis einen geistigen Körper zu erlangen, der den Worten und jeder ihrer Bewegungen eine physische Anmut und eine im Physischen behauptete metaphysische Verzweiflung verleiht. Das Gedicht wird zu einem grundlegenden Tagebuch zurückgeführt, das, nachdem der quälende Zauber seines «Giorno per giorno» (‹Tag für Tag›) überwunden ist, nicht mehr nach einer momentanen Identität strebt, sondern nach der bitteren ausgebreiteten Ernüchterung der eigenen Geschichte. Die verwüsteten Landschaften, die aus dem Innersten in Fetzen und in unerwarteten Spiegeln des *Dolore* hervortreten (es ist jenes «Mauern jeden Raum / In einem Nu» aus «Toll meine Schritte»: wo, im «Mauern», das Zeichen des Gegensatzes zwischen der anhaltenden Anstrengung und deren zufälligem Ergebnis jenes Nichts des Nus ist), ausgewaschen, gestoßen, bedeckt vom wogenden Gefühl, in Wellen von der Zeit zerbrochen, und schließlich die «symbolischen» Landschaften des *Dolore*, die «geschrieenen» Landschaften ersetzt ein Land, das ein Feuer und eine Täuschung einschließt, die nur ihm gehören, und dem gegenüber das Gedicht durch eine harte objektive Anstrengung entsteht. Das Land scheint sich zu beruhigen und unterdessen um so sibyllinischer zu werden, je mehr es sich in sein Bett zurückzieht: es scheint, sich entfernend, nur sichtbar, hörbar, poetischer «Gegenstand» zu werden, sich zugleich jedoch in versteinerte Ungeheuer, in formlose Arme zusammen-

zurollen: aus seinem Innersten heraus, unter der Maske hervor in Feuer zu explodieren, die seine Doppeldeutigkeiten vervielfachen. «Michelangelo mit gespannter Kraft» steht vor seinen sibyllinischen *Kerkern*. Die «Februarlandschaften» konnten, solange sie nicht reine, gegenwärtige Visionen gewesen sind, während sie sich ihrer Chronik überließen, nicht mit dieser Freiheit geboren werden; doch vor allem konnten sie nicht bedeuten; mit anderen Worten: dem Gedicht die «Zeit» geben; will sagen: es in Versen zur Welt kommen lassen. Nach einem ersten, verfrühten Versuch, unter dem Zeichen eines rimbaudschen *dérèglement*, das nicht zu den endgültigen Versen noch den Bildern des «Monologhetto» führen wird, sofern zu Reflexionen für Modulationen im Ton einer tumultuösen «Gegenwart», kehrt der Dichter tatsächlich dazu zurück, das Motiv zu präzisieren, wiederaufzunehmen, auszuweiten in einer ausgedehnten rhythmischen Prosa, die immer mehr – während sie reich an Chronik ist und während sie sich ihrer nach und nach entledigt zugunsten einer immer stärker mythischen und an Zauber reichen Geschichte – eine «unbeweglich» «gesehene» Zeit einschließt. In der Tat ist der «Monologhetto» sozusagen eher eine «Vision» als ein «Gefühl» der Zeit. Die «Visionen» über die Vergangenheit der «Februarlandschaften» implizieren ein Klar-Sehen: die Umrisse sind nicht vernebelt von der Tiefe des Gedächtnisses: die Zeit ist nämlich zum Raum geworden, zu einem grundlegenden, kontinuierlichen Raum. Nicht umsonst hat der Dichter «das Flimmern der Meeresküste» kennengelernt, hat er, will ich sagen, durch die Kraft enttäuschter Liebe, die zitternde Blendung des Verheißenen Landes undeutlich gesehen. Dieses Gedicht, das nach der *Terra Promessa* gekommen ist, hat aufgehört, in der geistigen Zukunft der *Terra Promessa* zu spekulieren: entflammter Raum in einer zukünftigen Zeit; von daher erlangt das neue Gedicht seine äußerst verwirrte Fähigkeit, die Landschaften der Verzauberung und der Ernüchterung zu entwerfen.
Sehen wir uns, um diese wiedergewonnene Identität – und die gesamte lyrische Bewegung zielte darauf ab – zwischen der wirklichen Zeit und ihrem wiederzugewinnenden menschlichen Archetyp zu zeigen und letzten Endes die Aufgabe im fleischgewordenen Phantasma aufgehen zu lassen, die äußerst signifikante Serie von Varianten an, die auf den Schluß des Gedichtes zustreben, nach einem im Vergleich mit den Anfängen prosaisch symmetrischen Ende.

Erste Fassung:

«Non c'è, altro non c'è su questa terra

Che un barlume di vero e il nulla della polvere,

Anche se, matto incorreggibile,
incontro a abbagli
Febbraio, *a riprincipi di miraggio*,

Nell'intimo e nei gesti

Tendersi *sempre* sembra sempre.»

[‹Es gibt nichts, nichts anderes gibt es auf dieser Erde

Als einen Schimmer von Wahrem und das Nichts des Staubs,

Auch wenn, unverbesserlicher Narr,
zu Blendungen hin
Februar, *zu Neuanfängen von Luftspiegelung*,

Im Innersten und in den Gesten

Zu streben *immer* scheint immer.›]

Zweite Fassung:

«Non c'è, altro non c'è su questa terra

Che un barlume di vero *e il nulla della polvere*

E il nulla della polvere,

Anche se, matto incorreggibile
al lampo dei miraggi
Febbraio incontro a abbagli

Nell'intimo e nei gesti

Tendersi sembra sempre.»

[‹Es gibt nichts, nichts anderes gibt es auf dieser Erde

Als einen Schimmer von Wahrem *und das Nichts des Staubs*

Und das Nichts des Staubs,

Auch wenn, unverbesserlicher Narr,
zum Blitz der Luftspiegelungen
Februar zu Blendungen

Im Innersten und in den Gesten

Stets zu streben scheint.›]

Dritte Fassung:

«Non c'è, altro non c'è su questa terra

Che un barlume di vero

E il nulla della polvere,

Anche se matto incorreggibile,
Chi vive I
Febbraio incontro al lampo dei miraggi
, il vivo
Nell'intimo e nei gesti

Tendersi sembra sempre.»

[‹Es gibt nichts, nichts anderes gibt es auf dieser Erde

Als einen Schimmer von Wahrem

Und das Nichts des Staubs,

Auch wenn, unverbesserlicher Narr,
Wer lebt
Februar zum Blitz der Luftspiegelungen
, der Lebende
Im Innersten und in den Gesten

Stets zu streben scheint.›]

Mit dieser endgültigen Fassung hat der närrische und unverbesserliche Februar diese seine Eigenschaften dem Menschen abgetreten, dem «Lebenden», die Zeit hat sich abgelöst von ihrer Zufälligkeit, und der Dichter gelangt zum Gefühl ihrer selbst, wo diese ihre Qualifikationen des zufälligen Anlasses dem abtritt, der sie verkörpert und erfährt und sie in gewisser Weise überwindet, durch implizites Schicksal. Hier läßt sich auch mit Händen eine der Haupteigenschaften des ungarettischen Gedichts greifen: daß dieses nämlich, in seinen fortschreitenden Errungenschaften, aus einer fundamentalen überwundenen anfänglichen Instabilität besteht; daher ist das Absolute dieses Gedichts all das jedesmal ein wenig, Punkt für Punkt bezwungene Relative: eine langsam errungene blitzhafte Schnelligkeit. Die Vergänglichkeit wird nicht im Absoluten gesehen, sondern ins Absolute überführt und darin bezwungen. Eine instabile Stabilität, und daher eine lebendige Stabilität: daher hat dieses so absolute Gedicht auch einen so selbstverständlichen Sinn für das Fleisch und das Hinfällige.

II

Die Arbeit am «Monologhetto» dauerte etwa eine Woche, vielleicht weniger, bis zur Lesung, die Ungaretti selbst davon im Rundfunk, Neujahr 1952, gab; die sprunghaften Änderungen dauerten darauf vielleicht ein wenig länger, bis er selbst mir, ein paar Tage später, alle Papiere, Entwürfe und die bis dahin endgültige Fassung übergab, für die Veröffentlichung in *Paragone* (Nr. 26, Februar 1952). Und die Korrekturen dauerten an, vor und nach den Probeabzügen, innerhalb von dicht aufeinanderfolgenden Briefen. Und sie endeten nicht mit der ersten Veröffentlichung, wurden doch, ein paar Monate später, für die zweite Veröffentlichung in der ersten Nummer des *Approdo* (Januar–März 1952) kleine Änderungen in der Interpunktion angebracht. Es ist hier nicht möglich, diplomatisch sämtliche Autographen zu reproduzieren, wir wollen jedoch, mit Hilfe einiger Stichproben, ein paar Überlegungen über die Phase der ungarettischen Arbeit anstellen, die, vergessen wir das nicht, von der intellektuellen Strenge, der Verwendung des Mythos in der *Terra Promessa* herkam. Und die ersten metrischen Ansätze dieses Gedichts lassen sich an jenem intellektuellen Feuer erkennen: «Im Schlaf befällt Winter dumpfes Fieber»; es ist jenes Zurückstrahlen, in entflammten Spiegeln, einer ermüdeten Imagination, deren «Bilder» alle außerhalb des Gedichts liegen, jenseits seiner Reichweite. Hier breiten sich die Sinne wieder in nicht mehr geträumte, sondern in der Genauigkeit der Erinnerung sogar verfolgte Landschaften aus, und die Zeit, welche die *Terra* aufgehoben hat, so daß sie dort nur vorgestellt, und ich würde sagen gestaltet und im Grunde dem «Sinn» untergeordnet ist, sprießt hier erneut in der Gefahr ihrer schmerzlichen Erinnerung hervor. Hier findet also die Zeit, nach dem in den Fragmenten der *Terra* ausgemessenen inneren Raum, im erklärtermaßen äußeren Raum ihre illusorische, verwesende Ausdehnung wieder: dieses aus einem so äußerlichen Anlaß entstandene Gedicht bietet recht rasch seine Flanke dem Versuch eines neuen Zeitgefühls, einer Zeit, die das «Tagebuch» des *Dolore* zerbrochen und alltäglich gemacht hat: und hier liegt ihre letzte Bedeutsamkeit.

Der «Monologhetto» entsteht also rein diskursiv in einer Prosa, die sehr rasch ihre gnomische Hülle abstreift unter der Dringlichkeit der Bilder, die sich vor allem als reich an lyrischem Potential erweisen. In einer ersten Phase jedoch haben die Bilder, da es noch keine poetische Zukunft gibt, die rhythmische Zukunft ist, keine Distanz: sofort erscheint der Seher, und das Fieber, aus der Wurzel des Februars; fast sofort erscheint auch die Mutter, doch an jenem Punkt wird sie auch sofort von der Phantasie in den Schatten gestellt: ihre Gegenwart wird, gerettet durch den Menschen, inmitten der anderen Zauberkünste explodieren müssen, die aus dem entbrannten Gedächtnis herauskommen werden, nicht mehr in dieser gnomisch-deskriptiven Phase: die Mutter wird dann lachend das Kind aus den «schrecklichen Armen» des «Mahdi, gestaltlos noch im Granit», erretten.

Hier nun das erste Blatt:

M Febbra[io] di sonno duro tutti gli umori
«*Febbraio è un m*ese invernale ma non *più tanto segreto*, si risentono *nelle*

sotto le *sotto le scorze* alla punta delira
scorze *tutti gli umori* e delirano già in sintomi di gemme, e s'aguzza l'orecchio dell'indovino a capire come andrà l'anno dai capricci della febbre.
più non essendo
In Febbraio l'inverno non è più di sonno duro, già nel *segreto*, non *più anche essendo* spoglio anche nel segreto. Sotto le scorze
spoglio. *E il tem Si ri.* Tutti gli umori *sotto* si risentono *sotto le scorze* e *alla*
già deliranti di gemme
pu già già premono ⋎ alle punte. È tempo che l'orecchio dell'indovino s'aguzzi a capire dai *capire* capricci della febbre come l'anno andrà. Mese
preso
strano, tutto di carnevale ogni quattr'anni e negli altri tre tra Carnevale e Quaresima.»
Febru[ar] fest schlafend alle Säfte unter den
[‹*Februar ist ein* Wintermonat, doch nicht *mehr so geheim*, es gären *in den*
unter den Rinden an der Spitze
Rinden *alle Säfte* und delirieren schon in Anzeichen von Knospen, und es
deliriert
spitzt sich das Ohr des Sehers, um zu verstehen, wie das Jahr gehen wird, aus den Launen des Fiebers.

Im Februar hat der Winter keinen festen Schlaf mehr, ist schon im
ist nicht mehr *ist auch* kahl auch im Geheimen.
Geheimen nicht *mehr* kahl. (...) Alle Säfte *darunter* gären schon *unter den*
Unter den Rinden schon delirierend vor Knospen
Rinden und *an der Spi schon schon* drängen sie ⋎ an den Spitzen. Es ist Zeit, daß das Ohr des Sehers sich spitzt, um zu verstehen aus den *verstehen* Launen des Fiebers, wie das Jahr gehen wird. Seltsamer Monat, ganz des
gefangen
Karnevals alle vier Jahre und in den anderen drei zwischen Karneval und Fastenzeit.›]

Auf einem Blatt, auf dem die Prosa beginnt, sich in Versen neu zu hören, steht am linken Rand:

«I carri d'argento e di rame

Le prue d'acciaio e d'argento

Picchiano la schiuma

I ceppi del pruno
le carreggiate
la carraia del riflusso

i pilastri delle foreste

i fusti degli argini

Il cui angolo è urtato dai turbini di luce.»

[‹Die Wagen aus Silber und aus Kupfer

Die Bugs aus Stahl und aus Silber

Schlagen den Schaum

Die Strünke des Dornbuschs
die Radspuren
die Fahrwege der Ebbe

die Pfeiler der Wälder

die Stämme der Dämme

Deren Ecke verletzt wird von den Wirbeln aus Licht.›]

Im wesentlichen ist das die Übersetzung von «Marine» aus den *Illuminations* von Rimbaud, der sich folglich in der Umgebung dieses poetischen Gewimmels befindet: der Rimbaud der *Illuminations* nährt diese Prosa Ungarettis mit ihrem erhabenen Rhythmus, die auf dem Weg ist, Vers zu werden. Die essentielle Prosa der *Illuminations* in «Marine» und in «Mouvement» hat ihre *introibo*, die Übergangspunkte des vorhergehenden Gedichts in Versen, das sich hier des Versrhythmus' entkleidet, um, indem es sich ganz und gar der Essenz des Bildes anschmiegt, auch seine Dauer zu finden: es ist das Bild, das die lockere Rhythmik rhythmisiert, nicht der Vers, der das Bild rhythmisiert. Jetzt nimmt dieser letzte Ungaretti, von der Prosa ausgehend, und ich glaube, so nah an der Poesie ist er das erste Mal, den umgekehrten Weg, während er die Phantasie zum Essentiellen drängt: von der Prosa zum Vers, von einer wimmelnden und schäumenden Prosa zu einem Vers, der sie zu ordnen und sich ihrer zu bemächtigen, sich jenes Ferments zu bemächtigen sucht. Nach der Erfahrung des Elfsilbers, die über die essentielle Sprechweise der *Allegria*, im *Sentimento* und in der *Terra Promessa*, ihren Höhepunkt erreicht hatte, eine Erfahrung, in der die Stimme das *primum* ist, die Gußform, in die sich das Bild, indem es sich ausdrückt, eindrückt; hier ist das Bild am Ursprung der Stimme, die ihm verstohlen folgt, eingeführt in sein langsames und immer weniger langsames Kreisen. Eine Geschichte durch essentielle

Bilder, gefallen, und ich würde sagen angezogen von der «Leere» des Februar, dieser essentiellen, jedoch historischen Zeit, ist also die Dimension, die dieses Gedicht erprobt, in dem die Erhebung zum Vers nach dem ursprünglichen Drängen in Prosa eine Art dialektischen Widerspruchs in Begriffen ist, der bewirkt, daß der Schluß aus dem zurückgewonnenen Rhythmus entspringt, und nicht mehr aus dem anfänglichen Auftrag.
Darüber hinaus sehen wir, wenn wir zum Übersetzen zurückkehren, um am Puls der Debatte zu bleiben, jenseits des Horizonts in rimbaudscher Bewegung, der dieser gestalteten ungarettischen Zeit entspricht, auch gewisse Details sich dieser Randerfahrung bedienen: «i ceppi del pruno» (‹die Strünke des Dornenstrauchs›), «les souches des ronces», finden sich wieder in den «ceppi del roveto» (‹Strünke des Dornbuschs›), auf denen es taut in der Maremma und die lange «i ceppi della rovaia», «i ceppi del pruneto (‹die Strünke des Dorngestrüpps›) gewesen sind (und «roveto» klingt wie eine Synthese aus «rovaia» und «pruneto»: und hier möchte ich daran erinnern, daß ein «roveto» am Ursprung der leopardischen «siepe» ‹Hecke› steht). Nach der grundlegenden Einsicht, daß für die Entwicklung des Gedichts eine Metrik notwendig ist, zeitgleich mit den handschriftlichen Versuchen der Rimbaud-Übersetzung, ist es nicht mehr von Bedeutung zu sehen, wie der Dichter zu einer freieren, bewegteren Rhythmik zurückkehrt, die aus der gnomischen Beschränktheit herausgetreten ist. Die verschiedenen Blätter, auf denen das Motiv «Sotto le scorze» (‹Unter den Rinden›) gesucht, ausprobiert und nach und nach angereichert wird, bis zur mythischen Landschaft der Arche auf der Suche nach dem Ararat, bereiten, wenn auch in prosahafter Hülle, im Rhythmus das entspannte und fabelhafte, von nun ab bereits spürbare Metrum dieses Gedichts vor. Ja, das Aufgreifen der Vision der Arche, die erneut auf der Suche nach dem Ararat in See sticht, in einer zweiten Phase, mit dem sich daraus ergebenden Motiv des Anstreichers, der zu den Taubenschlägen hinaufsteigt, erweitert den lyrischen Horizont, der sich bis dahin auf die Anwendungen der hinsichtlich des Motivs «Sotto le scorze» rhythmisch-visuellen Errungenschaften beschränkt hatte, von dem man sofort zur Maremma, zum Auto «von Manfredonia nach Foggia» und zur korsischen Episode gelangt. Da der Vorhang sich nicht über dem «trostlosen Strand» gehoben hatte, der auch ein «trostloser offener Platz» sein wird, hatten die «Erscheinungen» die Glaubwürdigkeit der Motive einer Chronik behalten. Doch als der Strand «von jenem Augenblick an / Sich erforscht um sich wiederzubevölkern», da springt mit Unruhe der unausgedrückte magische Grund hervor, der verborgene Aufstand bricht offen aus und durchdringt die folgenden Episoden, indem er jene «gräßliche Ungeduld» entfesselt, der die Mutter sich lachend mit ihrer Sprichwortweisheit einer Frau aus Lucca entgegenstellt. Von hier aus wird das Gedicht dann wiederfinden, was zu Beginn der poetischen Arbeit bereits noch ohne Form aufgeblitzt war und jetzt als bewußter Schluß angemessenen Ausdruck findet.
Doch diese ganze Phase des Übergangs vom Gnomischen zum Lyrischen, mit dem Auftreten des Verses, deutet auf die überraschende Schnelligkeit des Geistes hin, der von der beschriebenen Zeit zur erfundenen Zeit

durch eine blitzschnelle Eingebung übergeht, welche die wesentlichen Punkte des Gedichtes liefert, ohne ihm die «Länge» des Überdenkens mitzugeben. Das Gedicht wird eben gerade ein Wiedererlangen des Nachdenkens sein, nachdem die wesentlichen Punkte, die lyrischen Fixpunkte, erst einmal gewonnen sind. Ich gebe hier die Worte wieder, die auf dem Blatt, auf dem sich links die *Illumination* befindet, am rechten Rand stehen, eine Art ungarettischer «Cantico del gallo silvestre». Auch der leopardische Hahn schreit: «Auf, Sterbliche, erwacht. Der Tag wird neu geboren: zurück kehrt auf die Erde die Wahrheit, und es verschwinden die vergänglichen Bilder. Erhebt euch; nehmt wieder auf euch die Bürde des Lebens; geht aus der falschen Welt in die wahre zurück.» Und dieser Aufruf, aus der falschen in die wahre Welt zurückzukehren, sowie die Anrufung sind in den Schluß des «Monologhetto» eingegangen:

‹Dichter, Dichter, wir haben uns
Alle Masken aufgesetzt (...)

Ungeduldig, in der Leere, tobt jeder,
Müht sich, nutzlos,
Sich wiederzuverkörpern in irgendeiner Phantasie
Die ebenfalls vergblich sein wird (...)›

Die Worte rechts auf dem betreffenden Blatt sagen also: «Wißt ihr nicht, daß diejenigen, die im Stadion laufen, alle laufen, aber daß nur einer allein den Preis gewinnt.» «Wacht auf – unsinnig und – aufstehen.» Der erste Satz ist eine Erinnerung an Paulus, der im ersten Brief an die Korinther (9, 24) genau dies erklärt: «Wisset ihr nicht, daß die, so in der Kampfbahn laufen, die laufen alle, aber *einer* empfängt den Siegespreis?»; doch Ungaretti hat mir gegenüber darauf insistiert, daß er in jenem Augenblick nur das Buch mit den Werken Rimbauds präsent hatte, das er mechanisch durchblätterte, so daß die Worte des Paulus sich dazwischengeschlichen haben durch wer weiß welchen Streich des Gedächtnisses. «Weder diese noch jene daneben haben eine andere Bedeutung, als daß ich mich, in Erwartung der Inspiration, daran gemacht habe, Rimbaud durchzublättern und den einen oder anderen Satz, der mir aufgefallen ist, zu übersetzen: einfach so, fast mechanisch... Es war ein Satz, der Barilli sehr beeindruckt hatte, und er wiederholte ihn sich: es laufen alle, aber nur einer allein gewinnt den Preis. Er war schon von der Krankheit angegriffen, im Bett.» «Es handelt sich nicht um außerordentliche und ausgearbeitete Sätze, wie im Fall von ‹Marine›; sondern um einen einfachen ersten Rhythmus der Inspiration: Wiedererwachen und geheimer Aufstand ist insgesamt das Thema des ‹Monologhetto›.» Für uns jedoch sind sowohl die Worte des Paulus bedeutsam, die in das Gewebe eingesunken sind, das aus Rimbaud aufgekeimt ist, als auch die anderen, eben weil sie in den Fundamenten des «Monologhetto» begrabene Worte sind; dort wird dieser unvernünftige Lazarus noch sozusagen ohne Bilder angeredet, noch in seinen Schlaf gehüllt und gedrängt, aus seiner Gruft herauszukommen. Und zudem bleibt der Gedanke des Preises, nachdem er – dies dunkel, dies direkt – die Vorstellung von Noah hervorgerufen

hat, der sich allein auf die Arche rettet, in der weissagenden Interpretation der Araberin, von Mabruka, der Glücklichen, bestehen, die allein «hochschnellt» aus dem «Kreis der Weissagungen»; und er löst sich, letzter Schimmer, und jetzt nur Konditional, nachdem sich auch die Mahnung als vergeblich erwiesen hat, auf in «den Träumen der Kinder». Unten links auf demselben Blatt steht eine weitere «Gedankennotiz»: «Nur den Kindern kommt es zu zu träumen, und es gibt kein schönes Kleid, das dem Los angemessen ist, das ich ihnen weissage»: auch hier ein Motiv, das später tatsächlich wieder aufgegriffen wird und mehr als ein Motiv sein wird, wenn die rückwärtsgewandte Reise des «Monologhetto» in gewisser Weise in «Kindheit» gipfelt und «der Blitz der Luftspiegelungen» schließlich «die Gnade der Reinheit» erleuchtet, von der Inspiration eingegeben ist, die sich in Form von Weissagung, von Prophezeiung sucht. Wir befinden uns in jenem entstehenden Klima von Zauberei, in das sich die Phantasie projizieren wird, indem sie sich entflammt.
Das «Geheimnis» des «kleinen Februar» führt zu den «Masken», und diese zu der Frage: «Was gibt es zu erahnen?» Und im ersten Impuls ist das Gedicht ganz in dieser Weissagung, durch die sich das Ohr des Sehers spitzt, um die Zukunft zu erahnen. Aber es gab die Bilder nicht: es gab die Vergangenheit nicht, einschließlich des «Mahdi, gestaltlos noch im Granit», es gab die Meilensteine der Vergangenheit nicht, Embleme fast einer ernüchterten Zukunft, und das Gedicht machte sich auf den Weg zu einer Gegenwart, hin zu dem, was der Dichter um sein Haus herum sieht, ohne diese lange Reise in der Welt, welche die Inspiration unternehmen wird.

Hier also:

N coglie
«*Ha n*el sonno *l'*inverno sorda febbre

N più
*Più n*on essendo spoglio

Anche nel suo segreto

Il febbraietto»,

I befällt
[‹*Es hat i*m Schlaf *der* Winter dumpfes Fieber

mehr
Nicht *mehr* ist kahl

Auch in seinem Geheimnis (Innersten)

Der kleine Februar›],

in

«Tutti gli umori sotto le scorze si risentono,

Alle punte già premono deliranti di gemme,
ha colto
Sorda febbre nel sonno *coglie* inverno

Non essendo

Che *almeno*, nel segreto *più* almeno,

Più non trascorre spoglio.

Febbraietto lunatico è alle porte.

Tutti gli umori si risentono

Già premono alle punte

Alle punte già deliranti premono
l'orecchio
È tempo che *l'orecchio* s'aguzzi a indovinare

Dai capricci dell'ora come quest'anno andrà

Tra la Cand[elora]

Tra la mattina della Candelora
Con fievole *timido* fievole
Tra il riapparso *trem* tremolare dei lumi
Da *cera* ardente poca
Dalla vergine cera vergine
C
E le ceneri del *tu* sei polvere

E ritornerai in polvere

Schiamazza il carnevale

Poeti poeti, ci siamo messi tutte le maschere,

Che c'è da indovinare?
Il vero vero (?) debolmente
Un barlume di verità
Un
Il barlume di vero e il nulla delle ceneri.

Mi *ve* torni *la mimo[sa]*

Fioriscono nel mese

Le gialle *piccole palline* testoline
I gialli piccoli

Dei fiori di mimosa

Sulla pia[nta]

Sopra quella mimosa

Che *dalla mia finestra*

Alzando gli occhi

usa inquadrarsi nella mia finestra.»

[‹Alle Säfte gären wieder unter den Rinden,

An den Spitzen drängen sie schon delirierend vor Knospen,
hat befallen
Dumpfe Fieber im Schlaf *befällt* Winter

Der nicht ist

Der *wenigstens, mehr* im Geheimen wenigstens,

Nicht mehr kahl verstreicht.

Der launenhafte kleine Februar steht vor der Tür.

Alle Säfte gären

Schon drängen an den Spitzen

An den Spitzen drängen schon delirierend
das Ohr
Es ist Zeit daß *das Ohr* sich spitzt um zu erahnen

Aus den Launen der Stunde wie dieses Jahr verlaufen wird

Zwischen Mariä Licht[meß]

Zwischen dem Morgen von Mariä Lichtmeß
Mit schwachen *schüchternen* schwachen
Zwischen dem wiedererschienenen *Zit* Zittern der Lichter
Aus *Wachs* glühenden wenigen
Aus dem jungfräulichen Wachs dem jungfräulichen

Und der Asche des *du* bist Staub

Und wirst wieder zu Staub

Lärmt der Karneval

Dichter Dichter, wir haben uns alle Masken aufgesetzt,

Was gibt es zu erahnen?
Das Wahre Wahre (?) schwach
Ein Schimmer von Wahrheit

Der Schimmer von Wahrem und das Nichts der Asche.

Mir (...) kehrt zurück *die Mimo(se)*

Es blühen im Monat
Die gelben *kleinen Tüpfen* Köpfchen
Die gelben kleinen

Der Mimosenblüten

Auf der Pfla(nze)

Auf jener Mimose

Die *aus meinem Fenster*

Die Augen erhebend

in meinem Fenster sich einzuranken pflegt.›]

Die beiden Verse nach der Unterbrechung «Alle Säfte...» sind in einem Wurf zusammen mit den ersten vier geschrieben worden; mit «Dumpfes Fieber» des folgenden Verses formuliert sich das Motiv mit neuen Klangfarben, und die durchgestrichenen Verse «Alle Säfte gären wieder» etc. zeigen, daß die Wiederaufnahme des neuen Motivs noch nicht überzeugend ist: zu großes Gewicht auf diesem «Ohr des Sehers», auf dem diesem ganzen Gedicht innewohnenden magischen Anteil; doch nach dem ersten Wurf der poetischen Formulierung, die ich eben mitgeteilt habe, ist es nicht umsonst gerade das Motiv «Sotto le scorze», das drängt und immer wieder neu angegangen wird und das wie durch eine vor Knospen delirierende Explosion aus dem Innersten der eingeschlossenen poetischen Säfte in fortschreitenden Funden zu dem gesamten «visionären» Anteil des Gedichtes führt. Während es dem ersten poetischen Wurf überlassen bleibt zu bezeugen, wie das absolut lyrische *primum* vor allem in den «launenhaften» Sektor der Zauberei und des Traums eingeschlossen

bleibt. Daher die erhöhte «Wachsamkeit» des Dichters hinsichtlich der «Wechselfälle des Lebens» im Monat Februar, wie der endgültige Text uns sagen wird: Wachsamkeit auf die Magie der Zeit, die sich erhebt: auf die hin die folgenden visionären Motive sich wie Erinnerungen an «einige Halte» des «langen Aufenthalts auf Erden» einfügen: Halte, die in der aufblitzenden Erinnerung zu magischen Erscheinungen, stillstehenden Visionen werden.
Die Mimose ist eine «Erscheinung» der Gegenwart, die nicht in die in der Folge erworbenen Dimensionen des Gedichts eingehen wird, in jene Vergangenheit-Zukunft, welche die Vergeblichkeit jener «irgendeinen Phantasie» bestätigen wird, die durch das Sich-Wiederverkörpern eines jeden in der «Leere» gegeben ist. Die Gegenwart, die lebendige Empfindung ist genau das, was fehlt in einem solchen Gedicht, wenn sich alles in der Erinnerung wiederverkörpert. Nur der Saft des Februar ist das, was aktuell bleibt, und sofort danach, gleich daneben eine von einer mythischen Arche beherrschte Landschaft, eine mythische Landschaft, die in der Tiefe des Gedächtnisses mit ihrer lebhaften, geheimnisvollen Aufdringlichkeit zu den «Februarlandschaften» führt, zu den räumlichen, geographischen Momenten der Vergangenheit. Im Sinne einer zeitlichen und räumlichen Determinierung, aufgeteilt zwischen der historischen und der poetischen Genauigkeit, denkt man an die Namen, die denen unterliegen, die sich endgültig durchsetzen:

Von Foggia
Nach Lucera brausend

lautete «von Foggia nach Gargano», «von Gargano nach Foggia», «von Manfredonia nach Foggia», «von Foggia der Wagen nach Lucera». Es handelt sich um eine wahrhaftige «räumliche» Annäherung an den «Ort» des Gedichts: das heißt an den Ort, wo ein Name frei von seinen eigenen Gegebenheiten erklingt. So war Pernambuco Recife. Und das, was jetzt «Sulìa, umbrìa, umbrìa» etc. ist, hat eine Serie von Varianten durchlaufen, die das Fortdauern einer realistischen Besessenheit anzeigen, der es nur mit Mühe und Not gelingt, im Klang der Erinnerung Gestalt zu finden. In einer Phase werden die Worte «Sulìa, umbrìa» bis zu neunmal wiederholt, die mühselige klangreiche Arbeit geht bis in die kleinsten Wörter der akzeptierten Lesart. Ungaretti erklärte mir selbst, in einem anderen Februar, dem des Jahres 1952: «Die Wiederholung von Umbrìa ergibt sich aus der akustischen Qual des Wagens, der Ketten hatte. Sie ist notwendig, zumindest in der jetzigen reduzierten Form. Auch wenn es etwas ist, das rein subjektiv bleibt.» Und es gibt richtige hölderlinsche Bewegungen: «Da Foggia la vettura...»: die dramatische und brennende Geschichte Hölderlins, sein gesuchtes Wandern in bestimmte aktive Himmelsrichtungen. Im konkreten Augenblick, in dem sich die einzelnen Momente präzisieren, können wir eine reiche Ernte von Varianten einfahren, die, über die nun erreichte Insbrunst hinaus, anzeigen, wie sich direkt aus dem Fortschreiten der Imagination das geistige Fortschreiten löst, das darin inbegriffen ist. So führt der brasilianische Karneval, «der Monat des Hochsommers», «der löwenhafte Juli», dem «sie die Maske des Februar aufgesetzt haben», mit dem daraus folgenden Taumel dazu, die Empfindung der Phantasie als Maske der Vergänglichkeit der Dinge zu verkörpern, um so mehr sie, mit ihrer Überreiztheit, zu erinnern, zu «unseren schmerzlichen Erinnerungen» getrieben wird. Hier ein Beispiel solchen Taumels:

«*Ballano le case, le chiese,* le cose, le bestie, la gente, le catapecchie, i grat-
sia a sia a sia siano sia o
tacieli, *le* cose, *le* besti*e*, *la* gente, *le* catapecchie, *i* grattaciel*i*,»

(‹*Es tanzen die Häuser, die Kirchen,* die Dinge, die Tiere, die Menschen, die
sowohl als auch und sowohl als
Hütten, die Wolkenkratzer, *die* Ding*e*, *die* Tier*e*, *die* Leute, *die* Hütten, *die*
auch oder
Wolkenkratzer,›)

Dann werden Hütten und Wolkenkratzer, in einer weniger expressionistischen Überreiztheit, in die generelleren «Dinge» einbegriffen und fallen aus dem Text heraus. Doch gerade eine solche Maske verkörpert sich, wie ich sagte, in jenem Karneval, in einem Reichtum an Varianten voll dichtester Imaginationskraft:

«... ma gli hanno messo la maschera di febbraio, e ballando

cantano, sudati fradici, stralunati tra spruzzi d'etere.

Ironia, Ironia

Era só o que dizia

O moreno che amei

E por quem tanto chorei»

[‹... doch sie haben ihm die Maske des Februar aufgesetzt, und tanzend

singen sie, schweißgebadet, verzückt zwischen Spritzern von Äther.

Ironie, Ironie

War alles was sagte

Der Dunkelhäutige den ich liebte

Und um den ich so sehr weinte›]

Auf einem anderen Blatt:

si balli
«Fradici di sudore, stralunati, *ballano* senza posa,

ingenuità
Cantano di continuo, rauchi, con strana *insensatezza*:

Ironia, ironia

Era sò o que dizia.

Su labbra d'una mulatinha è il canto della più»

tanzt man
[‹Gebadet in Schweiß, verzückt, *tanzen sie* ohne Pause,
Arglosigkeit
Singen unablässig, heiser, mit sonderbarer *Torheit*:

Ironie, Ironie

War alles was er sagte.

Auf den Lippen einer Mulattin ist es der Gesang der am meisten›]

Und so fährt der Dichter ausprobierend, in klanglichen Varianten, fort, zum Essentiellen vorzudringen, nachdem er Exzesse an Genauigkeit zurückgedrängt hat und nachdem er, auch hier, wie anderswo die Kopräsenz der Bilder, das Beteiligtsein an den Ereignissen (von «ballano» zu «si balli») gesucht hatte: sich, kurz gesagt, von den anfänglichen narrativen Tönen entfernend. An einer anderen Stelle des Gedichts sagt er uns den Namen von «einer der zusammengedrängten Araberinnen:

«E Mabruka[1], solo per sé nel suo intimo maga,

Tanto diluviare *guardando* adocchiando,[2]
Davanti a Indica un che intacca la roccia predicendo:
Mostra un fulmine *alla roccia e predice:*

[Indica un fulmine che stria una roccia
sillaba per sillaba
E *serena* pronostica:]

Un mahdi, ancora informe nel granito,

Delinea le sue braccia spaventose.

Ma mia madre, Lucchese,

1 Der wie Fortuna, Allegria, Felicità klingt und ein verbreiteter Frauenname ist.
2 Der Vers ist später hinzugefügt worden, zwischen den Zeilen.

C deduce
Interrogato il tempo, ne deduce invece così *sentenzia* invece:

[Ecc.]»

[‹Und Mabruka, allein für sich in ihrem Innersten Zauberin,

Den so heftigen Regen *betrachtend* ansehend,
Vor Weist auf einen der den Fels kerbt und prophezeit:
Zeigt einen Blitz *am Felsen und prophezeit:*

(Weist auf einen Blitz der einen Felsen streift
Silbe für Silbe
Und sagt *heiter* vorher:)

Ein Mahdi, gestaltlos noch im Granit,

Zeichnet seine schrecklichen Arme.

Doch meine Mutter, aus Lucca,

Leitet ab
Leitet, nachdem sie die Zeit befragt hat, daraus statt dessen ab urteilt statt dessen

so:
(etc.)›]

Wo, unter anderem, das «klare», logische Band nachgewiesen ist, das den Übergang von der Zauberin zur Mutter verbindet, die beide durch das Befragen der Zeit, mit unterschiedlichen Antworten, verbunden sind. Die endgültige Lesart wird dagegen die «irdische» Antwort der Mutter näher unter das Sich-Vorstrecken der schrecklichen Arme rücken. Es verstärkt sich die Erregung Mabrukas, die vom «heiter» zum Zeugen eines tellurischen Entsetzens wird, «mit schäumendem Mund»; und umgekehrt wird die Zuversicht der Mutter größer werden, die «bei dieser Bemerkung lacht».
Spät erscheinen die Feuer, die die fahle Meeresküste sprenkeln. Das Unwetter, der strömende Regen, der Donner und die Blitze von Alexandria in Ägypten erscheinen uns aus den Manuskripten als zuerst im Geist des Dichters geboren; und es kommt uns so vor, als entfachten sie die südamerikanische Lichterflut und jenes Gefühl von finsterem Überdruß, indem auch sie sich in «Mordskrawall» verwandeln. So taucht zuerst das Feuerrad auf:

Ma assai si balla
«Meglio di notte, quando, fastidiosi alle tenebre,
dei cornucopie,
Fiori *di* fuochi dalle *girandole*

Grandinano [ecc.]

Tra cielo e terra e la torva marina.

Complici della notte e di essa molti più notturni grandinano

Fiori dei fuochi dalle cornucopie, [ecc.]»

Doch viel tanzt man
[‹Besser nachts, wenn, lästig der Finsternis,
der Füllhörner
Blumen *aus* Feuer von den *Feuerrädern*

Niederhageln (etc.)

Zwischen Himmel und Erde und der düsteren Meeresküste.

Komplizinnen der Nacht und viel nächtlicher als sie hageln nieder

Blumen der Feuer aus den Füllhörnern, (etc.)›]

Auch der Mahdi gehört zu diesem Spiel innerer Lichter, entzündet sich an diesem geisterhaften Licht der Blitze. Hier sein erstes bezauberndes Erscheinen, in einem Licht christlichen Aberglaubens:

«*Rammemorano* Adamo ed Eva rammemorano

Che nella sorte tentano d'orientarsi.

È tempo che s'aguzzi l'orecchio a indovinare

messia
Palpiterà quel sasso d'ali d'un *angelo* prigioniero?»

[‹*Sie gedenken* Adams und Evas gedenken sie

Die im Los versuchen sich zu orientieren.

Es ist Zeit daß sich spitzt das Ohr um zu erahnen

Messias
Wird schlagen jener Stein mit Flügeln eines gefangenen *Engels*?›]

Doch ich muß sagen, von jenem Sich-Verschärfen trüber Farben zur Mitte und zum Schluß des Gedichts hin profitiert der Wald von Vizzavona, der, dem Imaginieren der Anfangsphase angehörend, der luftigen Bilder unter dem mythischen Licht des Vorhangs, der sich gerade erst gehoben hat, während er als «la foresta di Vizzavona» (‹der Wald von Vizzavona›) geboren worden und sofort zu «la lugubre foresta di Vizzavona» (‹der unheimliche Wald von Vizzavona›) geworden war, schließlich «l'aromatica selva di Vizzavona» (‹der duftende Wald von Vizzavona›) ist. An

anderer Stelle bekommt die Maske mehr Gewicht, an anderer Stelle lastet die Hand des Mahdi, zugrundegegangener Engel oder Messias.
Und die Unschuld, «die Gnade der Reinheit» in einem ersten Moment, als daraus «candore di favola» (‹Märchenreinheit›) werden sollte, ist ebenfalls nur ein Produkt der Maske: die Kinder «haben die Unschuld von Proteus»: sie sind unschuldig, weil proteisch in der ersten Berührung durch die Phantasie; und daher erscheint ihre Wandelbarkeit dem Dichter als Unschuld, die Wandelbarkeit, die quasi die Seele der wandelbaren Zeit ist. Auch hier scheint die korrumpierende Zeit fast sogar die Seele des Kindes verderben zu wollen, wenn in ihr fast, maskiert, die Zeit selbst erscheint, gestaltlos und daher vielgestaltig in jener Unschuld; doch auch hier siegt mit dem Übergedanken «die Gnade der Reinheit»: und dieses «alte» Kind wird auf dieselbe Weise wieder fortgejagt, wie die Zeit in ihren Schäden neu bestimmt wird. Es ist die Erinnerung («ist Kindheit / Sofort Erinnerung»), die blitzschnelle Erinnerung, die siegt, Tochter des Gedächtnisses.
ANMERKUNG. Ich habe mich bei der Wiedergabe von Beispielen autographischer Fragmente des «Monologhetto» an die Kriterien gehalten, denen Santorre Debenedetti in seiner Edition von *I frammenti autografi dell'Orlando furioso* (Chiantore, Torino 1937) gefolgt ist. Mir scheint, daß auf diese Weise eine möglichst anschauliche Lektüre der Texte mit der «Chronologie» der Varianten, die sie umgeben, gegeben werden kann. Die durchgestrichenen Wörter werden kursiv wiedergegeben, die Korrekturen zwischen den Zeilen. Es versteht sich, daß ich nur Beispiele gebe, also keineswegs sämtliche Varianten, die sich von Blatt zu Blatt verdichten und häufig um die einzelnen auszuarbeitende poetische Eingebung herum wiederholen, sondern nur die des jeweils untersuchten Blattes.
Als Antwort auf einen Einwand, der hinsichtlich der Konsistenz der anfänglichen «Prosa» geäußert worden ist, die nach den unwiderlegbaren Daten die Genese des «Monologhetto» charakterisiert, muß ich ferner präzisieren, daß ich mich auf die Prosa als idealer Kategorie beziehe – es ist unwesentlich, ob sie nur einen Augenblick oder eine Seite dauert –, wenn man so will, auf die «den Vers nährende» Prosa, die darum nicht weniger Prosa bleibt, auch wenn ihr erstes Erscheinen unbedeutend und sofort widerrufen, darum aber nicht weniger entscheidend ist; und für den «Monologhetto» kann man, was für eine Anstrengung auch immer unternommen worden sein mag, für seine ersten Wurzeln einen elfsilbigen Rhythmus zu finden, nicht leugnen, daß die erste Intention diesbezüglich der Kategorie einer gehobenen Prosa angehört, die in ihren eigenen Grenzen auf der Stelle tritt: es handelt sich um einen *cursus*, der dem Rhythmus des Elfsilbers zum Verwechseln ähnlich ist. Und wenn dann, gleich darauf, jene Prosa in der Hitze des drohenden Verses schmilzt, so kann man gewiß nicht sagen, der «Monologhetto» sei dadurch entstanden, daß der Dichter sich bereits im Geiste einen Vers vorgesagt, ursprünglich einen poetischen Rhythmus geschmeckt habe, sondern sozusagen aus einem noch unreifen «Inhalt». Und er scheint sich so, auch in der Genese, seinem Schicksal einer vorzeitigen Jahreszeit, Vorbote von Ereignissen, anzugleichen, die der Februar ist. Und müssen wir nicht sagen, daß das Schicksal im Samen liegt? Jenes so heftige Insistieren gerade auf den er-

sten tastenden Versuchen, ihr ständiges Wiederholen beweist, wie strikt der Dichter die ersten Gegegenheiten der Phantasie zugespitzt hat; es beweist die erfolgreiche, beharrliche Mühe, welche die Erfindung des neuen Elfsilbers gekostet hat, sein Sich-Lösen vom anfänglichen wiegenden Zustand. Wenn das Gedicht in seiner Entwicklung einer tiefen, äußerst verketteten inneren Progression folgt, warum sollen wir dann nicht, im Geschichte-Schaffen des Gedichts, dem ersten Schimmer, dem Augenblick, der anfänglichen Emotion Wert beimessen, den Wert, den sie verdient? Im Grunde ist der Elfsilber des «Monologhetto» nicht bewaffnet geboren worden, sondern hat sich seine *raison d'être* über «inhaltliche» Gründe erobert – solcherart ist die Prosa institutionell im Vergleich zur Poesie –, die ihn bedingen und gerade darum sein unterschiedliches Gewicht bekräftigen.

GRIDASTI: SOFFOCO / DU SCHRIEST: ICH ERSTICKE

Inventario II, 2 (Sommer 1949): «Giorno per giorno»; *Il Popolo* (Rom, 12.1.1950); *Gridasti: Soffoco...*, con cinque disegni di Léo Maillet, Milano (Fiumara) 1951; frz. Ü.: J. Lescure, Ph. Jaccottet

In *Il Popolo* war das Gedicht begleitet von folgender Bemerkung Ungarettis (cf. a. *Vita d'un uomo – Tutte le poesie* [1969], S. 569):

«Es sind die Anfangsstanzen des Gesangs «Giorno per giorno» des *Dolore*, und sie wurden mir diktiert, als ich noch in Brasilien war, 1940, und vielleicht stammt der erste Wurf aus den letzten Zeiten des Jahres 1939. Ich nahm sie nicht mit den anderen in das Buch auf, weil es mir schien, daß sie zutiefst persönliche Motive enthielten. Das war noch Egoismus. Man kann nichts nur für sich behalten von der menschlichen Erfahrung, ohne Anmaßung.»

Inventario: V. 4/5: Gli occhi ch'erano ancora / Luminosissimi un momento fa,

‹Die Augen die noch übervoll waren / Von Licht einen Augenblick zuvor›

V. 9–13: Felice ero rinato nel tuo sguardo... / Poi la bocca, la bocca / Che una volta sorrideva, la bocca / Si torse in lotta muta...

‹Glücklich war ich wiedergeboren worden in deinem Blick... / Dann der Mund, der Mund / Der einst lächelte, der Mund / verzog sich in stummem Kampf...›

V. 36–62: La settimana scorsa eri fiorente. / Ti vado a casa a prendere il vestito; / Poi nella cassa ti verranno a chiudere / Per sempre. No, per sempre / Sei animo della mia anima, e la liberi. / La liberi incitandomi a soffrire; / Ma saprò ritrovarti / Dove la vita vive senza morte? / E perdona se indulgere non so / Al male che fu subdolo: / Sconto sopravvivendoti, l'orrore / Degli anni che t'usurpo, / E che ai tuoi anni aggiungo / Come se ancora tra di noi mortale / Tu continuassi a crescere. / Con lamento li aggiungo e con rimorso, / Con sospensione d'animo, demenza, / Per sete inestinguibile di te; / E vedo solo crescere nel vuoto / La mia vecchiaia odiosa. / Era di notte com è ora, e mi davi / La mano. Mi dicevo spaventato: / «– È troppo azzurro questo cielo australe, / «È di stelle troppo gremito. / «– Babbo, perché? / «– Figliuolo mio, perché?» / (Sordo cielo che scende senza un soffio, / Che sento sempre opprimere / Le mani che si tendono a scansarlo...)

‹Noch letzte Woche blühtest du. / Ich gehe nach Hause deinen Anzug zu holen; / Dann werden sie kommen dich in den Sarg zu schließen / Für immer. Nein, für immer / Bist du Seele von meiner Selle, und befreist sie. / Befreist sie mich zum Leiden treibend; / Aber werde ich dich wiederzufinden wissen / Wo lebt das Leben ohne Tod? / Und verzeih wenn ich keine Nachsicht habe / Mit dem Bösen das heimtückisch war: / Ich büße dich überlebend das Grauen ab / Der Jahre die ich dir raube, / Und die ich deinen Jahren hinzufüge / Als würdest immer noch unter uns sterblich / Weiterhin du wachsen. / Mit Klage füge ich sie hinzu und mit Reue, / Mit aufgehobenem Sinn, Wahnsinn, / Aus unstillbarem Verlangen nach dir; / Und ich sehe nur wachsen in der Leere / Mein verhaßtes Alter, / Es war Nacht wie jetzt, und du gabst mir / Die Hand. Ich sagte mir erschrocken: / «Zu blau ist dieser südliche Himmel, / Und mit Sternen zu angefüllt.» / «Papa, warum?» / «Mein Sohn, warum?» / (Tauber Himmel der herabkommt ohne einen Hauch, / Den ich immer niederdrücken fühlen werde / Die Hände die sich ausstrecken ihn abzuwehren.)›
In *Il Popolo* ist das Gedicht eingeteilt in sechs Teile, numeriert von 1–6: 1 / Non potevi dormire, non dormivi...; 2 / Nove anni, chiuso cerchio.; 3 / Vi vado a prendere il vestito,: 4 / Sconto, sopravvivendoti, l'orrore; 5 / Come ora, era di notte,; 6 / Cielo sordo, che scende senza un soffio,. (Zu weiteren Varianten cf. *Vita d'un uomo – Tutte le poesie* [1969], S. 813 bis 616.)

SVAGHI / ABSCHWEIFUNGEN

Pubblicazione ufficiale del Premio Viareggio (Aug. 1953); *L'Approdo* I, 3 (Juli bis Sept. 1952); frz. Ü.: J. Lescure
In der Veröffentlichung des Premio Viareggio fehlen die Prosatexte, die den Gedichten vorausgehen.
Anm. Ungarettis (*Vita d'un uomo – Tutte le poesie* [1969], S. 569): «*Svaghi* wurden bereits veröffentlicht in der einzigen Nummer ‹Premio Letterario Viareggio› im August 1952, dann, überarbeitet, von der RAI gesendet und mit den Kommentaren in der Nr. 3 von *L'Approdo* veröffentlicht.»
(Zu den Varianten in den Prosatexten cf. *Vita d'un uomo – Tutte le poesie* [1969], S. 817–821)

SEMANTICA / SEMANTIK

Pirelli II, 1 (Jan. 1949): «Boschetti di cahusù»; *Alfabeto* (15.–31. 3. 1952); frz. Ü.: J. Lescure
Anm. Ungarettis (*Vita d'un uomo – Tutte le poesie* [1969], S. 569–571):
«Wurde veröffentlicht in der Nr. 1, zweiter Jahrgang 1949, der Zeitschrift *Pirelli*. Sinisgalli bat mich um ein Gedicht über Brasilien, und ich schickte ihm die Übersetzung von amüsanten Passagen alter Chronisten, gesammelt unter dem Titel *Páu-Brasil* von jenem geistreichen Mann, der Oswald Andrade ist. Ich fügte einen Scherz von mir hinzu, der ein bißchen auf Wahrheit beruht; ein bißchen half mir, so gut sie konnte, die Eingebung. Der Scherz war, überarbeitet, Teil einer Sendung von mir in der RAI über die brasilianische Poesie und wurde wieder gedruckt in *Alfabeto* vom 15.–31. März 1952.
Amazonien? Und wer wird wohl jener Geistreiche sein, dem es, vielleicht

aufgrund von Homonymie zwischen dem Eingeborenenvokabular und dem europäischen, gefiel, den Amazonas Fluß der Amazonen zu nennen? Amazonien, das ist bekannt, ist jene riesige südamerikanische Region, wo sich, längs des Amazonas, das ausgedehnteste und wasserreichste Flußnetz beider Hemisphären entfaltet. Marañon war, vielleicht, der Name, den die ersten europäischen Forscher dem Fluß gaben – und man spricht immer noch beispielsweise vom peruanischen Marañon –, und das ist ein Wort, das im Spanischen und im portugiesischen Maranhão so ähnlich klingt wie das Wort, das man benutzt, um zu sagen: große Verwicklung, großer Betrug, soviel wie: schlaue Lüge. [Cf. span. *maraña* ‹Gestrüpp, Dickicht; Verwicklung, Wirrwarr›; port. *maranha* ‹Gewirr, Wirrwarr, Knäuel; Ränke, Umtriebe› und *maranhão* ‹Lüge, Flunkerei›. M. v. K.-H.] Der Geistreiche – und in der Tat ist maranhão seine Erzählung, und voll von großen und verwirrendsten Täuschungen sind immer noch die Orte – erzählte, an den Ufern des Maranhão Frauen begegnet zu sein, die mutig kämpften, besser als Männer. Er erzählte uns nicht, ob auch sie sich die linke Brust abbrannten, um leichter den Bogen spannen zu können, und ihnen daher die Bezeichnung Amazonen, d.h. ohne Brust, gegeben wurde, oder ob sie sich statt dessen so nennen mußten, weil sie zusammen lebten, wie es den antiken Kappadoken an den Ufern des Termodono geschah. Feindinnen des Mannes auch am Äquator? Die Frau jedenfalls der sagenhaften Stämme des Maranhão hätte ihren Namen Amazone nicht den Reiterinnen des Romans des 19. Jahrhunderts abtreten können: an den Ufern Amazoniens gab es zum Reiten weder Pferde noch andere Tiere. Überreichlich gab es Termiten.
Angìco ist der gemeinsame Name verschiedener Mimosengewächse.
Sapindo werden Pflanzen der Dikotyledonen genannt, für die das Seifenkraut typisch ist.
Cautsciò (Kautschukbaum) nannten die Eingeborenen wohl eines Tages jede Kautschuk produzierende Pflanze. Heute hat der brasilianische Wortschatz diesen Namen nur für Pflanzen aus der Familie der Morazeen, deren Milchsaft (Latex) das Sernambì gibt, ein Gummi von minderwertiger Qualität. Der Baum, auf den ich in meinem Text anspiele, ist die Hevea brasiliensis (Kautschukbaum), aus der Familie der Euphorbiazeen, Pflanzen des guten Gummis, heute in Brasilien Seringueira genannt. Um zu vermeiden, daß meine Erzählung an jener Stelle, wo die Cambeba auftauchen, anachronistisch ist, belasse ich «cautsciò» absichtlich die Verschwommenheit ursprünglicher Bedeutung. Mit analoger Verschwommenheit ist «caucciù« (Kautschuk) ein Begriff, der den europäischen Sprachen dazu dient, unterschiedslos jeden beliebigen gummiartigen Saft zu bezeichnen, ganz gleich, welcher Familie die Pflanze angehört, aus der er gewonnen wird. In der grünen Hölle, die Amazonien ist, nannte man vielleicht von Anfang an – so wie jede Kautschuk produzierende Pflanze «cautsciò» – jede Art von Kautschuk Sernambì.
In der Tat: der Ort ist anziehend, blendend; doch er ist eine Hölle; und da hört der Scherz auf.
Guaranì ist der Name der Tupì-Stämme im Süden.
Die *Cambeba* bildeten den Stamm der reinen Tupì, die am oberen Amazonas lebten.»

«Mit Klängen fortan nur von Klinik»: *seringa* ist im Portugiesischen (ebenso wie im Französischen *seringue*, im Italienischen *siringa*, im Spanischen *jeringa*) das Wort für ‹Spritze›.
Pirelli: BOSCHETTI DI CAHUSÙ – Come in tutte le parti del Matto Grosso / L'angìco vi abbonda / E già si vedono alcuni piedi di sapindo / Libarò dei guaranì / E boschetti qua e là di rado cahusù / Un albero di fusto dritto e alto / Di scorza ambigua / E caro ai bambebà / Va sorreggendo una cupola lucida / La scorgi di lontano / Di fitte foglie a tre per tre / Ma troppo verdi / Con la sua gomma / Quegli Indi fanno bottiglie e otri / La forma degli oggetti appare arcadica / Ai portoghesi fa chiamare / Una sì altera pianta seringueira / E seringa è la gomma / E chi la va estraendo è il seringueiro / E un seringal è lo strano boschetto / Straordinario a vero dire e bello
‹WÄLDCHEN VON CAHUSU – Wie in allen Teilen des Mato Grosso / Wuchert hier üppig die Angìco / Und schon sieht man ein paar Sapindostämme / Trankopfer der Guaranì / Und Wäldchen hier und da von seltenen Cahusù / Ein Baum mit geradem und hohem Stamm / mit zweideutiger Rinde / Ist teuer den Bambeba / Stützt eine leuchtende Kuppel / Du bemerkst sie aus der Ferne / Aus dichten Blättern drei zu drei / Doch allzu grün / Mit seinem Gummi / Machen jene Indianer Flaschen und Schläuche / Die Form der Gegenstände erscheint arkadisch / Die Portugiesen läßt sie nennen / Eine so stolze Pflanze seringueira / Und seringa ist das Gummi / Und wer es gewinnt ist der seringueiro / Und ein seringal ist das seltsame Wäldchen / Außerordentlich, um die Wahrheit zu sagen, und schön»

IL TACCUINO DEL VECCHIO

Il Taccuino del Vecchio führt in den 27 «Ultimi Cori per La Terra Promessa» die Thematik der *Terra Promessa* weiter, diesmal allerdings unter Verzicht auf einen narrativen Zusammenhang, vielmehr in freier Bezugnahme auf biographische Anlässe das gesamte bisherige Leben und alle bis hierher gemachten Erfahrungen rekapitulierend. Ungaretti schreibt hierzu (*Vita d'un uomo – Tutte le poesie* [1969], S. 573):
«Die Chöre 1, 2, 3, 24 sind entstanden aus einer kurzen Rückkehr nach Ägypten, unternommen im vergangenen Jahr zusammen mit Leonardo Sinisgalli, und sind angeregt worden im besonderen von der Wüstenlandschaft der Nekropole von Sakkarah. Ein Flug im Jet von Hongkong nach Beirut während meiner kürzlichen Reise nach Japan mit Jean Fautrier und Jean Paulhan hat den Vorwand für den Chor 23 geliefert. Anlaß für andere Chöre sind zutiefst persönliche Erlebnisse gewesen oder Ereignisse wie beispielsweise, in den Chören 16, 17, der Abschuß künstlicher Satelliten. All dies sind Motive, die dem Autor selbst nicht mehr als die seinen gelten dürften in seinem Werk, wenn es ihm gelungen ist, diesem dichterisches Leben zu verleihen.»
Il Taccuino del Vecchio sollte ursprünglich als Luxusausgabe zu Ungarettis siebzigstem Geburtstag 1958 erscheinen, konnte aber erst 1960 herauskommen. Die Ausgabe wurde besorgt von Leone Piccioni, der Beiträge («saggi e testimonianze») von mehr als fünfzig mit Ungaretti befreunde-

ten Schriftstellern, Dichtern, Essayisten aus aller Welt versammelte. Der Band enthält Beiträge von: Amrouche, Bandeira, Bowra, Candido, Carner, Cassou, Champroux, Char, Clancier, Claus, Dos Passos, Duchateau, Eliot, Elytis, Emmanuel, Frénaud, Frenzel, Greenlees, Guiette, Guillén, Hellens, Jouve, Lescure, de Mandiargues, J. und R. Maritain, Mayoux, Mendes, Moore, Nadal, Noulet, Carner, Paz, Perse, Picon, Poulet, Pound, Pryce-Jones, Raymond, Rebay, Richier, de Solier, Rousselot, Roy, Spitzer, Supervielle, Tate, von Taube, J. und H. Thuile, Vivier, Wall, Williamson, Zervos, Z'Graggen.

Chronologische Bibliographie zu *Il Taccuino del Vecchio* (Zeitschriften, Anthologien, Ausgaben)

Officina 11 (November 1957):
«Cantetto senza parole»

Paragone IX, 98 (Februar 1958):
«Quattro nuovi cori per la Terra Promessa» (≙ Cori 10–13, numeriert I–IV); zusätzlich Coro 9 als eigenständiges Gedicht unter dem Titel «Il compleanno»

Tempo presente III, 2 (Februar 1958):
«Nuovi cori per ‹La Terra Promessa›» (≙ Cori 6/7, 14–17, ohne Numerierung)

Letteratura V, 35/36 (September–Dezember 1958):
«Nuovi cori per *La Terra Promessa* (≙ Cori 19–22, datiert 1952–1958, ohne Numerierung); die Nummer, die Ungaretti zum 70. Geburtstag gewidmet ist, enthält darüber hinaus innerhalb des Essays «Ungaretti e l'esperienza della poesia» von Enzo Paci in derselben Numerierung wie kurz darauf in *L'Approdo Letterario* die Cori 4–8 und 22 mit einigen Varianten

L'Approdo Letterario 5 (Januar–März 1959):
«Il Taccuino del Vecchio – Ultimi Cori per *La Terra Promessa*» (≙ Cori 4–22, numieriert 1–19 und datiert «Roma, 1952–1958»)

Nosside V, 5/6 (1959):
«Canto a due voci»

2 poesi di Ungaretti, Milano (Scheiwiller) 1959:
«Canto a due voci», «Per sempre»

Pirelli XIII, 2 (Februar 1960):
«Ultimi Cori per la Terra Promessa»

Giuseppe Ungaretti, *Il Taccuino del Vecchio*, con testimonianze di amici stranieri del poeta raccolte a cura di Leone Piccioni, e con uno scritto introduttivo di Jean Paulhan, Milano (Mondadori) 1960

75° compleanno: Il Taccuino del Vecchio, Apocalissi, Milano (Guido Le Noci Editore) 1963

Giuseppe Ungaretti, *Vita d'un uomo* 7, *Poesie* VII *Il Taccuino del Vecchio* 1952–1960, Milano (Mondadori) 1961 *(Lo Specchio – I poeti del nostro tempo)*

Giuseppe Ungaretti, *Morte delle Stagioni: La Terra Promessa, Il Taccuino del*

Vecchio, Apocalissi, a cura di Leone Piccioni, con il Commento dell'autore alla *Canzone*, Torino (Fògola) 1967

Giuseppe Ungaretti, *Vita d'un uomo – Tutte le poesie*, a cura di Leone Piccioni, Milano (Mondadori) 1969 *(I Meridiani)*: *Il Taccuino del Vecchio* S.271–286; Varianti a cura di Mario Diacono S.823–838

Giuseppe Ungaretti, *Vie d'un homme – Poésie 1914–1970*, traduit de l'italien par Philippe Jaccottet, Pierre Jean Jouve, Jean Lescure, André Pieyre de Mandiargues, Francis Ponge et Armand Robin, préface de Philippe Jaccottet, Paris (Editions de Minuit/Gallimard), S.287–302 (auch als Taschenbuch in der Collection *Poésie* 147, S.277–293). Übersetzung von Philippe Jaccottet mit Ausnahme der «Ultimes chœurs pour La Terre promise» 1–7, 9/10 (Francis Ponge)

Giuseppe Ungaretti, *Vita d'un uomo – 106 poesie 1914–1960*, introduzione di Giovanni Raboni, Milano (Mondadori) 1985 (*Gli Oscar Poesia* 9), S.221–241 (enthält nicht: «Canto a due voci»)

Per conoscere Ungaretti, Antologia delle opere a cura di Leone Piccioni, Milano (Mondadori) 1986 (*Gli Oscar Poesia* 20), S.173–181 (enthält nicht: «Cantetto senza parole», «Canto a due voci»)

ULTIMI CORI PER LA TERRA PROMESSA / LETZTE CHÖRE FÜR DAS VERHEISSENE LAND

Paragone IX, 98 (Febr. 1958): «Quattro nuovi cori per la Terra Promessa» (≙ Cori 10–13, numeriert I–IV); zusätzlich Coro 9 als eigenständiges Gedicht mit dem Titel «Il compleanno»; *Tempo Presente* III, 2 (Febr. 1958): «Nuovi cori per ‹La Terra Promessa›» (≙ Cori 6/7, 14–17, ohne Numerierung); *Letteratura* V, 35/36 (Sept.–Dez. 1958): «Nuovi cori per *La Terra Promessa*» (≙ Cori 19–22, datiert «1952–1958», ohne Numerierung; außerdem, innerhalb des Essays «Ungaretti e l'esperienza della poesia» von Enzo Paci, die Cori 1–8 und 22); *L'Approdo Letterario* 5 (Jan. bis März 1959): «Il Taccuino del Vecchio – Ultimi cori per *La Terra Promessa*» (≙ Cori 4–22, numeriert von 1–19 und datiert «Roma, 1952 bis 1958»); *Pirelli* XIII, 2 (April 1960): Coro 23 mit dem Titel «Da Hong Kong a Beirut in jet»; fr. Ü.: Francis Ponge (Chöre 1–7, 9/10; die Übersetzung von Ponge erschien zuerst in: *Tel quel* 8 (1962), S.3–11, zusammen mit den italienischen Originaltexten), Ph. Jaccottet (Chöre 8, 11–27); dt. Ü.: O. v. Taube (Chöre 2–3, 6–7, 9, 11–12, 16–18, 21, 27), H. Domin (Chöre 1, 3–14, 16/17, 21/22, 24/25), P. Celan, M. Marschall v. Bieberstein

Die Ausgabe *Vita d'un uomo – Tutte le poesie* (1969) verzeichnet nur wenige Varianten zu den «Ultimi Cori per La Terra Promessa», die meist die Zeichensetzung oder den Umbruch der Verse betreffen; die wenigen semantischen Varianten seien hier verzeichnet:

Coro 4, V.5: Ma va la mira al Sinai sopra sabbia (statt sabbie) (in: *Letteratura*, innerhalb des Essays von Paci)

Coro 6, V.8: Si esacerba illusione ‹verschärft sich Illusion› (in: *Tempo Presente*); Ripiglia a incrudelire l'illusione ‹Beginnt wieder grausam die Illusion zu wüten› (in: *L'Approdo Letterario*)

Coro 8: In seinem Essay «Ungaretti e l'esperienza della poesia» in *Letteratura* V teilt Paci eine ältere Fassung von Coro 8 mit, die Ungaretti ihm in einem Brief vom 3. Dezember 1958 geschickt hatte. In einem Brief vom

7. Dezember, in dem Ungaretti ihm die neue Fassung schickt, schreibt Ungaretti (und diese Äußerung wirft ein bezeichnendes Licht auf seine Einstellung und sein unablässiges Produzieren neuer Varianten): «Die Poesie – im menschlichen Ausdruck zumindest – bleibt immer in der Werkstatt. Immer in unvollkommenem Zustand, immer im ständigen Kitzel zu ändern. Darum würde jene berühmte Fassung des *Coro del sonno* heute diese Gestalt haben.» Die Fassung des Briefes vom 3. Dez. lautet: Sovente mi domando / Come eri ed ero prima // Vagammo forse vittime del sonno? / Furono gli atti nostri, da sonnambuli / Esiguiti in quei tempi? // Lontano siamo in quell'alone d'echi / Se in me riemergi, in mezzo a quel brusìo, / Mi ascolto che ti svegli da quel sonno / Che ci previde a lungo.
‹Oft frag ich mich / Wie du warst und ich war einst. // Trieben wir dahin vielleicht Opfer des Schlafs? / Wurden unsere Taten von Schlafwandlern / Ausgeführt in jenen Zeiten? // Fern sind wir in jenem Echohof / Wenn in mir du wieder emportauchst, inmitten jenes Geflüsters, / Höre ich mir an daß du erwachst aus jenem Schlaf / Der uns voraussah, lang schon.›
Die Mehrdeutigkeit der Verse 7/8 wird deutlich, wenn man sich die unterschiedlichen Interpretationen vergegenwärtigt, die die deutschen Übersetzer von diesen Versen in ihren Übersetzungen geben: Hilde Domin übersetzt: ‹Wir sind schon fern, umkreist vom eigenen Echo, / und während du von neuem in mir widerhallst, / hör ich mir an, wie du aus einem Schlafe aufstehst / in dem wir lange vorgesehen waren.› Dagegen M. Marschall von Bieberstein und P. Celan: ‹Weit fort sind wir in jenem Echohof, / und während du in mir wieder auftauchst, / höre ich mich im Geflüster, das du erweckst / aus einem Schlaf, der uns lange voraussah.› (M. Marschall v. Biberstein); ‹Fern, im Echohof, sind wir, / in mir tauchst du herauf, aufs neue, ich höre / mich im Gewisper, das hebst du aus einem Schlaf, / der sah uns voraus, lang schon.› (Paul Celan). Interessant ist auch die wiederum ganz andere Lesart von Philippe Jaccottet: ‹Nous sommes séparés, cernés d'échos, / Et comme en moi tu resurgis, dans la rumeur, / Je me surprends à te dégager d'un sommeil / Qui nous à prévus longement.› (‹Überrasche ich mich, wie ich dich aus einem Schlaf befreie...›).
Coro 18, V. 5/6: Al patire ti addestro / Espiando la tua colpa, ‹Richte ich dich ab fürs Leiden / Verbüßend deine Schuld,› (in: *L'Approdo Letterario*)
Coro 23, V. 10: Puoi, neanche un punto di riferimento ‹Kannst du, und nicht einmal ein Anhaltspunkt› (in *Pirelli*).
Ein weiteres Beispiel für die Mehrdeutigkeit Ungarettischer Verse ist Coro 21, V. 1/2: Darsi potrà che torni / Senza malizia, bimbo? Hilde Domin: ‹Kann es sein, daß du noch einmal / ohne Hintergedanken, Kind wirst?›; Paul Celan: ‹Sollte es so kommen, daß ich / arglos verkinde?›; M. Marschall v. Bieberstein: ‹Wär's möglich, daß ich ohne Arg / wieder zum Kinde werde?›; Philippe Jaccottet: ‹Se peut-il que tu reviennes / Sans malice, petit enfant?› (‹Kann es sein, daß du zurückkommst / Ohne Arg, kleines Kind?›). Mehrdeutig ist die Form «torni», die als Konjunktiv Präsens sowohl 1. als auch 2. Person Singular (daneben auch

3. Pers. Sing.) sein kann, wobei die 2. Pers. ‹du› wiederum sowohl Selbstanrede des lyrischen Ich mit ‹du› sein kann als auch echte Anrede (etwa seines Sohnes Antonietto).

CANTETTO SENZA PAROLE / KLEINES LIED OHNE WORTE

Officina 11 (Nov. 1957); frz. Ü.: Ph. Jaccottet; dt. Ü.: I. Bachmann, O. v. Taube, H. Domin, P. Celan, M. Marschall v. Bieberstein
Als Ungaretti dieses Gedicht im Oktober 1957 an die Redaktion der Zeitschrift *Officina* schickte, begleitete er es mit folgenden Worten (*Vita d'un uomo – Tutte le poesie* [1969], S. 834/35):
«Die Dinge, die ich habe, sind vielleicht zahlreich, alle jedoch noch ‹formlos›, und ich bin, von vielen langweiligen Dingen gefangengenommen, in der Unmöglichkeit, daran zu arbeiten. Hier der *Cantetto*. Er beschäftigt mich seit Jahren, wobei ich, hinsichtlich der Struktur, wieder an jene Gedichte denke, die Rimbaud und Verlaine auf der Reise von Paris nach Belgien in London in den Sinn gekommen sind. Ich weiß nicht, ob er etwas taugt, vielleicht nichts. Mein Thema ist jenes Thema, das in meiner Dichtung ist seit den Zeiten von *Il Dolore* und das den *Dolore* diktiert hat, und das seitdem immer mein Thema sein wird.»
Das Gedicht lautet in *Officina*:
A un colombo il sol / Cedette la luce... // Tubando verrà, / Se dormi, nel sogno... / Un sole verrà, / In segreto arderà... // Si saprà signor / D'un grande mar / Al primo tuo sospir... // Fluttua sol turbar / Sul fluir del mar / Aperto al tuo sognar... // A un colombo il so / Cedette la luce... // Tubando verrà, / Se dormi, nel sogno...// * // Diestese il gran mar, / La misura sfidò... // Titubasti, il vol / In te perdé, / Per eco si cercò... // L'ira in quel chiamar / Ti sciupa il cor, / Risal la luce al sol...
‹Einer Taube trat / Die Sonne das Licht ab... // Gurrend wird sie kommen, / Wenn du schläfst, im Traum... // Eine Sonne wird kommen, / Im Geheimen wird sie brennen... // Sie wird sich Herrin wissen / Eines großen Meeres / Bei deinem ersten Seufzer... / Es wogt Sonne zu verwirren / Auf dem Fließen des Meeres / Offen deinem Träumen... // Einer Taube trat / Sie Sonne das Licht ab... / Gurrend wird sie kommen, / Wenn du schläfst, im Traum... // * // Sie breitete aus das große Meer, / Das Maß forderte sie heraus... // Du zaudertest, der Flug / Ging in dir verloren, / Wurde durch Echo gesucht... // Der Zorn in jenem Rufen / Richtet dir zugrunde das Herz, / Wieder steigt das Licht zur Sonne empor...›

CANTO A DUE VOCI / ZWEISTIMMIGER GESANG

Nosside V, 5/6 (1959); *2 Poesie di Ungaretti* (1959); frz. Ü.: Ph. Jaccottet; dt. Ü.: H. Domin, P. Celan, M. Marschall v. Bieberstein
Nosside› CANTO A DUE VOCI – Il cuore mi è crudele! / Ama, né troveresti in altro, fuoco / Nel rinnovargli strazi, tanto vigile: / Lontano dal tuo amore / Soffocato da tenebra si avventa, / E quando, per guardare nel suo baratro, / Tu gli occhi, smemorandoti, / In te arretri, l'agguanti, / Lo fulmina la brama, / L'unica luce sua che dal segreto / Suo incendio può guizzare.
‹ZWEISTIMMIGER GESANG – Das Herz ist grausam zu mir! / Es liebt,

und auch in einem anderen fändest du nicht Feuer / Im Erneuern seiner Qualen wachsam wie dies: / Fernab deiner Liebe / Erstickt von Finsternis stürzt es los, / Und wenn, zu blicken in seinen Abgrund, / Du die Augen, selbstvergessen, / In dich zurücknimmst, es packst, / Trifft es der Blitz der Begierde, / Sein einziges Licht das aus seinem geheimen / Brand aufzucken kann.›

PER SEMPRE / FÜR IMMER

2 Poesie di Ungaretti (1959); fr. Ü.: Ph. Jaccottet; dt. Ü.: I. Bachmann, O. v. Taube, H. Domin, P. Celan, M. Marschall v. Bieberstein, Hanno Helbling, in: *Almanach zur italienischen Literatur der Gegenwart*, hg. v. Viktoria von Schirach, München (Hanser) 1988, S. 96

2 Poesie: V. 7–12: (...) / Nelle cavità loro / Ritorneranno gli occhi con la luce, / E d'improvviso intatta / Sarai risorta e, al ritmo tuo di voce, / Ti rivedo per sempre.

‹In ihre Höhlen / Werden zurückkehren die Augen mit dem Licht, / Und unversehens Unversehrte / Wirst du wiederauferstanden sein, und, in deinem Rhythmus der Stimme, / Seh ich dich wieder für immer.›

Leone Piccioni zufolge (cf. *Vita di un poeta*, S. 184) schrieb Ungaretti das Gedicht am 24. Mai 1959, wenige Monate nach dem Tod seiner Frau Jeanne (1958).

APOCALISSI

Bibliographie:

Paragone XII, 140 (August 1961):
«Apocalissi»

75° compleanno: *Il Taccuino del Vecchio, Apocalissi*, Milano (Guido Le Noci Editore) 1963

Ungaretti: *Poesie*, a cura di Elio Filippo Accrocca, Milano (Nuova Accademia) 1964:
«Quatro Cori inediti in volume Apocalissi»

Il Bimestre I, 1 (November/Dezember 1964):
«Apocalissi»

Apocalissi e Sedici traduzioni, Ancona (Bucciarelli) 1965

Giuseppe Ungaretti, *Morte delle Stagioni: La Terra Promessa, Il Taccuino del Vecchio, Apocalissi*, a cura di Leone Piccioni, con il Commento dell'autore alla «Canzone», Torino (Fògola) 1967

Giuseppe Ungaretti, *Vita d'un uomo – Tutte le poesie*, a cura di Leone Piccioni, Milano (Mondadori) 1969 *(I Meridiani)*: *Apocalissi* S. 287–289; Varianti a cura di Mario Diacono S. 839–843

Per conoscere Ungaretti, Antologia delle opere a cura di Leone Piccioni, Milano (Mondadori) 1986 (*Gli oscar Poesia* 20), S. 183

Giuseppe Ungaretti, *Vie d'un homme – Poésie 1914–1970*, traduit de l'italien par Philippe Jaccottet, Pierre Jean Jouve, Jean Lescure, André Pieyre de Mandiargues, Francis Ponge et Armand Robin, préface de Philippe Jaccottet, Paris (Editions de Minuit/Gallimard) 1973, S. 303

bis 305. Übersetzung von Philippe Jaccottet (die Taschenbuchausgabe in der Collection *Poésie* 147 enthält die Teile 1 und 2 in der Übersetzung von Francis Ponge und nur die Teile 3 und 4 in der Übersetzung Philippe Jaccottets, S.295/96; die Übersetzung von Ponge erschien zuerst in der französischen Zeitschrift *Tel quel* 8 [1962], S.12/13, zusammen mit dem italienischen Text)
dt. Ü.: Michael Marschall von Bieberstein

In *Apocalissi e Sedici traduzioni* sind die vier Teile numeriert von I bis IV statt von 1 bis 4; in *Il Bimestre* lautet V.3 von Teil 2: Sarà perché del vivere nasconde.

PROVERBI

Vita d'un uomo – Tutte le poesie (1969), S.291–294; *Per conoscere Ungaretti* S.193/94; fr. Ü.: Ph.Jaccottet

«Proverbio Uno», geschrieben «im Bett, dösend, in der Nacht vom 27. auf den 28.Juni 1966» ist der erste Vers Ungarettis seit «Apocalissi» 1961; die übrigen Sprichwörter entstanden zwischen 1966 und 1969.

DIALOGO

Dialogo (Bruna Bianco – Giuseppe Ungaretti), con una combustione di Burri e una nota di Leone Piccioni, edizione fuori commercio, Torino (Fògola) 1968

Giuseppe Ungaretti, *Vita d'un uomo – Tutte le poesie*, a cura di Leone Piccioni, Milano (Mondadori) 1969 *(I Meridiani)*: *Dialogo* S.295–317

Per conoscere Ungaretti, Antologia delle opere, a cura di Leone Piccioni, Milano (Mondadori) 1986 (*Gli Oscar Poesia* 20), S.195–197 (enthält die Gedichte «Stella», «Dono», «La conciglia», «La tua luce», «Il lampo della bocca»)
frz. Ü.: Piero Sanavio (die Gedichte Ungarettis), Yvonne Caroutch (die Erwiderungen Bruna Biancos), in: *L'Herne* 11: Ungaretti (1969), S.53–70, zusammen mit dem italienischen Text; Ph.Jaccottet; dt. Ü.: M. Marschall v. Bieberstein (nur die Gedichte Ungarettis)

Anm. Ungarettis (*Vita d'un uomo – Tutte le poesie* [1969], S.575):
«Wurde veröffentlicht in einer Ausgabe von wenigen Exemplaren, die nicht in den Handel kamen, mit einer Combustione von Burri, zu meinem achtzigsten Geburtstag, im Februar 1968. Er besteht aus Gedichten von mir, in denen ich, mir gleichzeitig des Alters bewußt werdend, darauf hinzuweisen wage, daß die Liebe erst mit dem Tod erlöschen kann. Die Erwiderungen stammen von einer jungen Frau, Bruna Bianco; ich habe sie wegen ihrer ungewöhnlichen poetischen Frische geschätzt, und es ist mir gelungen, ihre Zurückhaltung zu überwinden und sie neben meinen zu veröffentlichen.»

Im Frühjahr 1966 unternimmt Ungaretti eine Reise nach Brasilien, auf der er auch das Grab seines in Brasilien gestorbenen Sohnes Antonietto wiederbesucht, das er nicht wiedergesehen hatte, seit er Brasilien 1942

verlassen hatte. Er wird gefeiert und geehrt und hält Vorträge. In São Paulo begegnet er der jungen Dichterin Bruna Bianco, fünfzig Jahre jünger als er, die von Ungaretti fasziniert ist. Zwischen 1966 und 1968 führen beide einen intensiven Briefwechsel (Ungaretti schreibt fast täglich nach Brasilien), aus dem die Liebesgedichte des *Dialogo* hervorgehen. (Cf. Leone Piccioni, *Vita di un poeta: Giuseppe Ungaretti*, Milano [Rizzoli] 1970, S.200–216; dort auch Auszüge aus Briefen Ungarettis an Bruna Bianco.) Piccioni teilt in seiner Biografie Ungarettis Vorstufen zu dem Gedicht «Stella» (*Vita di un poeta*, S.203) und zu dem Gedicht «Superstite infanzia» (S.216) mit:
STELLA – Stella, mia unica stella, / Nella povertà della notte, sola / Oggi per me rifulgi, / Per la mia solitudine rifulgi, / Ma, per me, stella cara / Che mai non finirai d'illuminare, / Un tempo ti è concesso troppo breve, / Mi elargisci una luce, stella mia, / Che solo acuisce in me disperazione.
‹STERN – Stern, mein einziger Stern, / In der Armut der Nacht, allein / Leuchtest du heute für mich, / Leuchtest für meine Einsamkeit, / Doch für mich, geliebter Stern / Der du nie aufhören wirst zu erleuchten, / Ist eine zu kurze Zeit dir gewährt, / Du spendest mir ein Licht, mein Stern, / Das allein schärft in mir Verzweiflung.›
SUPERSTITE INFANZIA – Un abbandono mi afferra alla gola / Dove mi è ancora rimasta l'infanzia. // Segno della sventura da placare, / Quel chiamare paziente, / Strozzato dalla sofferenza sempre, / È la sorte dell'esule. (Brief vom November)
Ancora mi rimane qualche infanzia, / Modo di abbandonarmi, / Quel fuori di me correre / Che mi piega alla gola. // Sorte sarà dell'esule, / Vuole la mia sventura da placare / L'irrompente chiamarti di continuo / Da sofferenza soffocato sempre. (Brief vom Dezember)
‹ÜBERDAUERNDE KINDHEIT – Verlassenheit packt mich an der Kehle / Wo mir noch steckengeblieben ist die Kindheit, // Zeichen des Unglücks das Sänftigung will, / Jenes geduldige Rufen, / Gewürgt vom Leiden immer, / Ist das Los des Verbannten.›
‹Noch bleibt mir ein Rest von Kindheit, / Art mich zu überlassen, / Jenes Außer-mir-Laufen / Das mich an der Kehle beugt. // Los wird es sein des Verbannten, / Es will mein Unglück das Sänftigung will / Das hereinbrechende unablässige Dich-Rufen / Von Leiden erstickt immer.›
Zu Anklängen an James Joyce («Chamber Music» XXVI, XXXIV, «A Memory of the Players in a Mirror at Midnight» aus *Pomes Penyeach*) in den Gedichten «La Conchiglia», «Dono», «È ora famelica» cf. Ariodante Marianni, «Contributo allo studio delle fonti della poesia di Giuseppe Ungaretti», in: *Atti del Convegno Internazionale su Giuseppe Ungaretti*, Urbino (4venti) 1981, Bd.2, S.1114–1122.

NUOVE

PER I MORTI DELLA RESISTENZA / FÜR DIE TOTEN DES WIDERSTANDS

Vita d'un uomo – Tutte le poesie (1969), S.321; frz. Ü.: Ph.Jaccottet; dt. Ü.: M. Marschall v. Bieberstein

Anm. Ungarettis (*Vita d'un uomo – Tutte le poesie* [1969], S.577):
«Es ist die für eine Gedenktafel verfaßte Inschrift, die Teil jenes herrlichen Denkmals ist, das, durch das geniale Werk von Pasquale Santoro, der Park von Bossolasco geworden ist.
Der Monumentalpark ist am 22. September 1968 eingeweiht worden.»

SOLILOQUIO / SOLILOQUIUM

Vita d'un uomo – Tutte le poesie (1969), S.322/323; *Per conoscere Ungaretti*, S.199/200; frz. Ü.: Ph.Jaccottet

CROAZIA SEGRETA / GEHEIMNISVOLLES KROATIEN

Croazia segreta, con la traduzione di Drago Ivanišević, uno studio critico di Leone Piccioni e quattro acqueforti di Piero Dorazio, Roma (Grafica Romero) 1969

L'impietrito e il velluto, grande foglio con due acqueforti di Piero Dorazio, Roma (Grafica Romero) 1970

Giuseppe Ungaretti, *Vita d'un uomo – Tutte le poesie*, a cura di Leone Piccioni, Milano (Mondadori) 1969 *(I Meridiani)*: «Croazia segreta» S. 324–326

Per conoscere Ungaretti, Antologia delle opere, a cura di Leone Piccioni, Milano (Mondadori) 1986 (*Gli Oscar Poesia* 20), S.200–202
fr. Ü.: Ph.Jaccottet; dt. Ü.: M. Marschall v. Bieberstein

In den ersten Monaten des Jahres 1969 ist Ungarettis alter Freund aus der Zeit in Brasilien, der Dichter und Sänger Vinicius de Moraes, in Rom, und Ungaretti verbringt einige Abende und Nächte voller Musik und Gesang mit ihm und Chico Buarque de Hollanda sowie einer neuen Begleiterin, die ihm auch viel bei seiner Arbeit hilft, Dunja, eine junge Kroatin, die ihm Anna ins Gedächtnis zurückruft, die alte Kroatin aus der Bucht von Kotor, die im Hause der Familie Ungaretti in Alexandria lebte, als er ein Kind war. In dieser Atmosphäre entsteht das Gedicht «Croazia segreta: Dunja». (Cf. Leone Piccioni, *Vita di un poeta: Giuseppe Ungaretti*, S.218–221, sowie im Anhang desselben Buches: «Varianti prime e ultime, 4. Croazia segreta: Dunja [2 aprile–16 luglio '69]», S.272–279.) Die Arbeit an dem Gedicht beginnt am 2. April 1969 und wird abgeschlossen am 24. Juli 1969. Um den 10. April reist Ungaretti nach Paris, wo am 14. April die ihm gewidmete Nummer der Zeitschrift *L'Herne* vorgestellt wird; am 15. April fliegt er nach New York und anschließend nach Harvard, um zu unterrichten. Nach einem erneuten kurzen Zwischenaufenthalt in Paris kehrt er im Juli nach Rom zurück. Das Gedicht ist datiert «Roma, Harvard, Parigi, Roma, dal 12 aprile al 16 luglio 1969» (in der Ausgabe der Grafica Romero lautet die Datierung dagegen «12 aprile–24 luglio»). Tatsächlich begann die Arbeit an dem Gedicht bereits am 2. April und führte im Verlauf der Nacht vom 2. auf den

3. April über zwei erste Versuche voller Varianten zu einer ersten Fassung:
Si volge verso l'est l'ultimo amore, / Mi abbuia da là il sangue / Con tenebra degli occhi della cerva, / Che se alla propria bocca lei li volga / Fanno più martoriante / Vellutandola, l'ardere mio chiuso [folle, tacito, muto]. // Arrotondìo di occhi della cerva / Stupita che gli umori suoi volubili [Stupito che i suoi umori volubili] / A danza irrefrenabile / Nei passi la comandino // D'un balzo gonfio d'ira / A strappi va snodandosi / Dal garbo della schiena / Una leoparda ombrosa. // Con l'immutabile innocenza vaga [Con l'immutabile vaga innocenza] / Pecorella d'insolita avventura [La pecorella a insolita avventura] [La pecorella a avventura insolita] / Sei forse te il nuovissimo sogno? // L'ultimo amore più degli altri strazia, / Certo lo va nutrendo / Crudele il ricordare. // Non sei qui te, non sei forse qui te? // Capricciosa croata, notte lucida [Ma volubile croata notte lucida] / Di me vai facendo / Uno schiavo ed un re.
‹Nach Osten wendet sich die letzte Liebe, / Verdunkelt mir von dort das Blut / Mit Finsternis der Augen der Hirschkuh, / Die, lenkt sie zum eigenen Mund sie, / Quälender machen, / Ihn samtend, mein verschlossenes [tolles, stilles, stummes] Brennen. // Rundung in den Augen der Hirschkuh / Die erstaunt daß ihre wechselhaften Launen / Zu zügellosem Tanz / In den Schritten sie befehlen // Hochschnellend zorngeschwellt / In Sprüngen löst sich / Aus der Anmut des Rückens / Sich wandelnd die Hirschkuh / Zu scheuer Leopardin. // Mit der unwandelbaren unbestimmten Unschuld / Ungewöhnlichen Abenteuers Lamm / Bist vielleicht du der neueste Traum? // Die letzte Liebe quält mehr als die anderen, / Gewiß nährt sie / Grausam das Erinnern. // Bist du nicht du, bist du vielleicht nicht du? // Launenhafte Kroatin, glänzende Nacht [Aber wechselhafte kroatische glänzende Nacht] / Du machst aus mir / Einen Sklaven und einen König.›
An dieser ersten Fassung arbeitet Ungaretti in Paris und Harvard weiter bis zur endgültigen Textgestalt. (Cf. hierzu *Vita di un poeta*, S. 275–278, wo die Varianten verzeichnet sind.)
Dem Gedicht geht voraus der Prosatext «Le Bocche di Cattaro», dessen letzte Zeile ursprünglich lautete: «Grandi occhi d'universo di Dunja, vi amo.» ‹Große Universumsaugen von Dunja, ich liebe euch.› (*Vita di un poeta*, S. 278)
Vervollständigt wird das Dunja gewidmete Textensemble durch das in der Nacht vom 31. Dezember 1969 auf den 1. Januar 1970 entstandene Gedicht «L'impietrito e il velluto». Dies ist Ungarettis letztes Gedicht.

GRECIA 1970 / GRIECHENLAND 1970

«Grecia 1970» ist Ungarettis vorletztes Gedicht, die erste Fassung trägt das Datum «11. Dezember 1969» und ist noch ohne Titel, die zweite Fassung datiert vom folgenden Tag, dem 12. Dezember. 1969 bat der Maler Piero Dorazio Ungaretti um ein noch unveröffentlichtes Gedicht, um es in einer Mappe mit seinen Zeichnungen gegen die griechische Militärdiktatur zu veröffentlichen. Ungaretti stimmte zu, und auf diese Weise entstand die Mappe *Ellade '79*, die außer Ungarettis Gedicht vierund-

zwanzig Textpassagen klassischer griechischer Autoren in der Übersetzung von Ariodante Marianni sowie 9 farbige Serigraphien von Piero Dorazio enthält. Die Mappe wurde am 27. Januar 1970 in der «Libreria dell'Oca» vorgestellt, wobei Ungaretti sein Gedicht vortrug. Der Erlös aus dem Verkauf der Mappe wurde für die Verteidigung der Freiheit Griechenlands gespendet. Ein Exemplar der Mappe befindet sich im Athener Museum des Widerstands.
Am 29. Januar 1970 gab Dario Micacchi in der *Unità* folgende Erklärungen Ungarettis wieder:
«Das Streben der Menschen nach dem, was Zivilisation repräsentiert, Werke der Zivilisation, Hauptwerke der Zivilisation, ist aus diesem Geist Griechenlands heraus entstanden, das der erste geistige Ort der Freiheit war. Kein anderes Land der Welt jener fernen Jahrhunderte wußte damals, was Freiheit ist. Griechenland wußte es und wußte es in Zeichen, die immer noch fortdauern, um die Menschen zu lehren, daß die Freiheit alles ist, alles ist, wenn sie Menschen sein wollen.
Man muß die Jungen dazu bringen, keine Angst zu haben. Die Angst ist der Gemütszustand, der die verheerendsten Auswirkungen hat. Es braucht sich nur die Angst in ein Volk einzuschleichen, damit jenes Volk das Gefühl für seine Würde verliert. Habt Angst vor der Angst.»
Das Gedicht ist auch in einem kleinen Buch von Filippo Maria Pontani veröffentlicht worden, *Fortuna greca di Ungaretti*, mit folgender Bemerkung des Gräzisten Pontani: «[...] ein vielen unbekanntes Gedicht, eine Art Schwanengesang des Dichters, auf der Schwelle bereits des Todes, auf das unterdrückte Griechenland».
Das Gedicht ist nicht aufgenommen worden in die von Ungaretti noch persönlich betreute Ausgabe «letzter Hand» *Vita d'un uomo – Tutte le poesie* von 1969.
(Cf. Elio Fiore, «Grecia 1970 di Ungaretti», in: *Atti del Convegno Internazionale su Giuseppe Ungaretti*, Urbino [4venti] 1981, Bd. 1, S. 685–688; dort auch der Text.)
In der deutschen Übersetzung von Christine Wolter ist das Gedicht erschienen in der Anthologie *Italienische Lyrik des 20. Jahrhunderts*, Berlin/Weimar (Aufbau Verlag) 1971 sowie in: Giuseppe Ungaretti, *Freude der Schiffbrüche*, Berlin (Volk und Welt) 1977, S. 141.

Register der italienischen Gedichtüberschriften

Das Register enthält die Überschriften der endgültigen Gedichtfassungen sowie, kursiv gesetzt, die von den endgültigen Überschriften abweichenden von Frühfassungen dieser Gedichte. Die kursiv gesetzten Seitenzahlen beziehen sich auf die Anmerkungen zu dem jeweiligen Gedicht.

Register der deutschen Gedichtüberschriften

Das Register enthält die deutschen Überschriften der in diesem Band enthaltenen Gedichte sowie, kursiv gesetzt, die von den endgültigen Überschriften abweichenden der ins Deutsche übersetzten Frühfassungen.

INHALT